AF269826

SABIDURÍA DE DIOS ESCONDIDA

La mística de san Juan de la Cruz

Diseño de portada: Editorial Sirio, S.A.
Maquetación de interior: Toñi F. Castellón

© de la edición original
2022, Emilio Carrillo

© de la presente edición
EDITORIAL SIRIO, S.A.
C/ Rosa de los Vientos, 64
Pol. Ind. El Viso
29006-Málaga
España

www.editorialsirio.com
sirio@editorialsirio.com

I.S.B.N.: 978-84-18531-80-4
Depósito Legal: MA-12-2022

Impreso en Imagraf Impresores, S. A.
c/ Nabucco, 14 D - Pol. Alameda
29006 - Málaga

Impreso en España

Puedes seguirnos en Facebook, Twitter, YouTube e Instagram.

El papel utilizado para la impresión de este libro está **libre de cloro** elemental (ECF) y su procedencia está certificada por una entidad independiente, no gubernamental, que promueve la sostenibilidad de los bosques.

Emilio Carrillo

SABIDURÍA DE DIOS ESCONDIDA

La mística de san Juan de la Cruz

EDITORIAL SIRIO

Ni la sabiduría de este mundo ni la que ostentan los dominadores de este mundo, condenados a la destrucción. Lo que anunciamos es una Sabiduría de Dios expresada en secreto, la Sabiduría Escondida que Él preparó para nuestra gloria antes de que existiera el mundo; aquella que ninguno de los dominadores de este mundo alcanzó a conocer [...] Anunciamos lo que nadie vio, ni oyó y ni siquiera pudo pensar, aquello que Dios preparó para los que lo aman.

Primera Carta a los Corintios, 2: 6-9

Índice

Introducción.. 11

1. Sobre la Sabiduría Escondida, la mística y
la «singularidad» de Juan de la Cruz 21
   1.1. Sabiduría de Dios Escondida y Sabiduría
Primordial o Perenne... 21
   1.2. La experiencia de Dios o experiencia mística 25
   1.3. Sobre la filosofía materialista 27
   1.4. La «muerte de Dios» 30
   1.5. La percepción de lo divino está al alcance
de todos, aunque no sea fácil compartirla con
quienes no la viven... 33
   1.6. La mística en España: el «problema histórico» 34
   1.7. La «singularidad» de san Juan de la Cruz...................... 37

2. La vida de Juan de Yepes 41
   2.1. Apuntes biográficos 41
   2.2. Apariencia de «perdedor» y
Esencia de Gran Alma 51

3. La obra literaria... 57
   3.1. Vocación tardía, labor secundaria 57
   3.2. Obra poética... 59
   3.3. El *Códice de Barrameda*... 59
   3.4. «Veracidad», no modernidad..................................... 60
   3.5. Del olvido a la admiración.. 66
   3.6. Un espíritu libre 67

4. La transformación en Dios como fundamento
de las aspiraciones y la sapiencia de Juan de Yepes 75
    4.1. El Dios «interior» 75
    4.2. Amada en el Amado transformada 78
    4.3. Nacer de nuevo.. 86

5. La meditación o alta contemplación 91
    5.1. La mente meditativa.. 91
    5.2. El subido sentir de la divinal esencia 94
    5.3. El laberinto: *labor-into* 105

6. Los factores que impulsaron a Juan de Yepes
en su avance por el Sendero espiritual 107
    6.1. Las noches oscuras: la cruz............................... 107
    6.2. La acción consciente: la compasión 113
    6.3. La reverencia por la Vida: el gozo....................... 120
    6.4. La amistad con Teresa de Jesús: la afinidad álmica 125

7. Cristo: la piedra filosofal... «¡si le dais posada!»...................... 135
    7.1. El Verbo divino encarnado: no un maestro más,
    sino un hito único en la evolución de la humanidad
    y la Madre Tierra 135
    7.2. «¡Si le dais posada!»: hacer nuestro lo crístico 137
    7.3. *Cristianización*, no imitación 138
    7.4. Cristo cual piedra filosofal.............................. 140
    7.5. El reconocimiento de Cristo en el otro 142
    7.6. «Estar con Cristo» o «estar con Dios»:
    una falaz disyuntiva 143
    7.7. Desalojo y acción 148

8. *Suma de la perfección* y «Mil gracias derramando» 149
    7.1. *Suma de la perfección*.................................. 149
    7.2. «Mil gracias derramando»................................ 154

Bibliografía 159
Sobre el autor 163

Introducción

Se relata que en Andalucía, en el tramo final del siglo XVI, los carmelitas descalzos eran conocidos como la «orden de los mudos». ¿Por qué esta denominación tan curiosa? No se debía a ningún tipo de connotación peyorativa, como podría ser, por ejemplo, que mantenían la boca cerrada por no tener nada que decir. Al contrario: esa expresión denotaba admiración hacia unas personas que tenían unas vivencias tan profundas que no lograban encontrar palabras con las que explicarlas.

San Juan de la Cruz denominó la «Sabiduría de Dios Escondida» a esa experiencia tan grandiosa y a los contenidos que desvela, influido seguramente por las palabras que Pablo de Tarso, el santo de Cilicia, nos regaló en estos inspirados versículos:

No la sabiduría de este mundo ni la que ostentan los dominadores de este mundo, condenados a la destrucción. Lo que anunciamos es una Sabiduría de Dios expresada en secreto, la Sabiduría Escondida que Él preparó para nuestra gloria antes de que existiera el mundo; aquella que ninguno de los dominadores de este mundo alcanzó a conocer [...] Anunciamos lo que nadie vio, ni oyó y ni siquiera pudo pensar, aquello que Dios preparó para los que lo aman. Dios nos reveló todo esto por medio del Espíritu, porque el Espíritu lo penetra todo, hasta lo más íntimo de Dios. ¿Quién puede conocer lo más íntimo del ser humano sino el espíritu del mismo hombre? De la misma manera, nadie conoce los secretos de Dios, sino el Espíritu de Dios. Y nosotros no hemos recibido el espíritu del mundo, sino el Espíritu que viene de Dios, para que reconozcamos los dones gratuitos que Dios nos ha dado. Nosotros no hablamos de estas cosas con palabras aprendidas de la sabiduría humana, sino con el lenguaje que el Espíritu de Dios nos ha enseñado, expresando en términos espirituales las realidades del Espíritu (Primera Carta a los Corintios, 2: 6-13).

Es inevitable enlazar estas palabras con estas dos enseñanzas provenientes directamente de la boca de Cristo Jesús:

- «Porque no hay nada escondido que no vaya a sacarse a la luz» (Evangelio de Marcos, 4: 22).
- «Padre, Señor del Cielo y de la Tierra, te doy gracias porque has ocultado todo esto a los que se creen sabios y entendidos y se lo has revelado a los sencillos» (Evangelio de Mateo, 11: 25).

Juan de la Cruz reconoció en sí mismo esos dones gratuitos que, como expone san Pablo, la divinidad aporta, aunque, con la humildad que siempre lo caracterizó y en contestación a una pregunta de la Madre Magdalena del Espíritu Santo acerca de la fuente de las palabras de sus poemas, afirmó: «Unas veces me las daba Dios y otras las buscaba yo».

Esa misma humildad le abrió las puertas de la Sabiduría de Dios Escondida. Para conseguir ese grado de humildad tuvo que adentrarse en las arenas ricas y firmes de un maravilloso desierto metafórico; gracias a ello descubrió su verdadera esencia y desalojó cualquier componente egoico.

¿De qué desierto estamos hablando? De un «espacio» que no es físico y carece de límites y tiempo. Eckhart de Hochheim lo presentó, en el poema *El grano de mostaza*,[*] como el «lugar» idóneo y exclusivo en el que era posible escuchar mejor la Palabra secreta:

> El camino te conduce
>
> a un maravilloso desierto,
>
> a lo ancho y largo,
>
> sin límite se extiende.
>
> El desierto no tiene
>
> ni lugar ni tiempo,
>
> de su modo tan solo él sabe.

---

[*] Incluido en: Hochheim, Eckhart de. (2014). *El fruto de la nada*. Madrid: Ediciones Siruela.

El desierto, ese bien
nunca por nadie pisado,
el sentido creado
jamás allí ha alcanzado:
es y nadie sabe qué es.
Está aquí y está allí,
está lejos y está cerca,
es profundo y es alto,
en tal forma creado
que no es esto ni aquello.

Es luz, claridad,
es todo tiniebla,
innombrado,
ignorado,
liberado del principio y del fin,
yace tranquilo,
desnudo, sin vestido.

Y el teólogo y filósofo de Turingia pregunta a continuación sobre tan formidable desierto:

¿Quién conoce su casa?

Y si hubiera alguien que la conociera, Meister Eckhart le reclama que:

Salga afuera
y nos diga cuál
es su forma.

Pues sí, Juan de la Cruz la conoció. Lo sabemos a ciencia cierta porque salió fuera y nos mostró su forma de manera exquisita. Lo que no fue fruto de la casualidad, sino que fue posible porque siguió los pasos apuntados por el propio Eckhart:

Hazte como un niño,
¡hazte sordo y ciego!
Tu propio yo
ha de ser nonada,
¡atraviesa todo ser y toda nada!
Abandona el lugar, abandona.

Fue así, viviendo como un niño, trascendiendo su yo y atravesando todo ser y toda nada, como san Juan de la Cruz conoció esa «casa». Después salió fuera para decirnos cuál es su forma y compartir con nosotros, en la medida de lo posible y desde el corazón y una enorme maestría, lo que «la Sabiduría de Dios expresada en secreto» supone, implica y representa.

Y esta es la materia de este libro. Las páginas que siguen constituyen una breve, sintética y seguramente tosca aproximación a un verdadero tesoro: la Sabiduría Escondida de Dios en la mística de san Juan de la

Cruz. Este volumen está estructurado en siete partes principales.

El primer capítulo, «Sobre la Sabiduría Escondida, la mística y la "singularidad" de Juan de la Cruz», empieza con una serie de reflexiones sobre el nexo existente entre la Sabiduría de Dios Escondida y la Sabiduría Primordial o Perenne, que múltiples autores estiman que es el núcleo común de la filosofía y la espiritualidad de toda la humanidad. Esto servirá para efectuar un primer esbozo de la experiencia de Dios o experiencia mística. Esta experiencia es imposible desde la perspectiva de una filosofía materialista de la vida y de una sociedad que ha «matado a Dios». Sin embargo, es verídica y real, como lo es el hecho de que la percepción de lo divino se halla al alcance de todos. Ahora bien, pocos la han logrado, y estos pocos se han encontrado con limitaciones inevitables cuando han intentado explicarla a quienes la desconocen, debido a su carácter inefable. Tras estas consideraciones iniciales nos adentraremos en la mística en general, y en su presencia y desarrollo en España en particular; tendremos así el marco que nos permitirá ubicar lo que llamaremos la «singularidad» de Juan de la Cruz.

Será imprescindible, para seguir ofreciendo contexto, abordar la vida de Juan de Yepes, a la que está dedicado el segundo capítulo. No será un abordaje exhaustivo, sino que se ofrecerán apuntes biográficos y se destacará, muy especialmente, la contradicción que se dio en su persona entre su apariencia de «perdedor» (de hombre gris y casi fracasado) y la excelsa dimensión de la Gran Alma (*Mahatma* en sánscrito) que engalana su Esencia.

Estos comentarios sobre la vida de Juan desembocarán en su obra literaria, a la que se dedica el capítulo tercero. Se contará, primeramente, cómo la escritura fue para él una vocación tardía y una labor secundaria. Este hecho no impidió de ninguna manera que produjera una radiante obra en prosa y, sobre todo, poética, que será examinada hasta cuestionar su pretendida «modernidad»: como veremos, no es la «modernidad» lo que caracteriza su obra, sino una *veracidad* extrema que escapa a cualquier categorización literaria. Como esta es invisible para la intelectualidad ajena a lo trascendente, no es de extrañar que se haya confundido con una postura «moderna». También nos ocuparemos aquí de las razones por las que esta obra fue poco valorada y permaneció casi sumida en el olvido durante más de tres siglos, hasta que llegó el momento en que resurgió.

Los contenidos desarrollados hasta aquí permitirán indagar, en el capítulo 4, en lo más íntimo de san Juan de la Cruz, es decir, en la trasformación en Dios como fundamento de todas sus aspiraciones y toda su sapiencia. Un delicioso y delicado contexto que nos incitará a entrar en detalles sobre la visión del Dios «interior», la plasmación de la «amada en el Amado transformada» y la ligazón de todo ello con el «nacer de nuevo» enseñado por Cristo Jesús. Las últimas consideraciones que se efectuarán serán unas breves apreciaciones sobre la mente meditativa (sobre la base de la tipología ofrecida por Vyasa en sus comentarios a los *Yoga sutras* de Patanjali), presente en Juan de Yepes.

El contenido del final del capítulo 4 servirá para dar paso a otro, el quinto, dirigido a evidenciar la importancia que tuvo la meditación o alta contemplación en la vida y en la obra de Juan. Esta práctica le posibilitó una amplia serie de vivencias sutiles que, girando en torno al «subido sentir de la divinal esencia», plasmó en primorosos y excepcionales poemas y orientaron extraordinariamente su proceso espiritual y su trabajo interior (el *labor-into* o, simbólicamente, el laberinto).

Con la «transformación en Dios» como telón de fondo y la meditación como guía, el capítulo sexto detalla los factores que impulsaron a Juan de Yepes en su avance por el sendero espiritual; se analizarán cuatro de los cinco principales: las noches oscuras y la cruz; la acción consciente y la compasión; la reverencia por la Vida y el gozo; y la amistad con Teresa de Jesús y la afinidad álmica.

El quinto de esos factores es el papel de Cristo. Habida cuenta su trascendencia, se le dedica monotemáticamente el capítulo séptimo, titulado «Cristo: la piedra filosofal... "¡si le dais posada!"». Aquí se tratan distintas cuestiones relacionadas con lo enunciado; en particular, la teórica disyuntiva entre «estar con Cristo» o «estar con Dios».

Se reservan para el final, para el capítulo octavo, dos de las joyas más tiernas y entrañables, más potentes y sabias, de Juan: *Suma de la perfección* y «Mil gracias derramando». Nos deleitaremos en ellas y con ellas para culminar el recorrido por la mística de san Juan de la Cruz desde la luminosa realidad de la Sabiduría de Dios Escondida.

Y, para terminar, solo quedará recoger la bibliografía básica utilizada como pilar y para el desarrollo de los contenidos expuestos. De hecho, la mayor parte de la misma ya se menciona expresamente en los distintos capítulos; entre ella, la relativa a los poemas del propio san Juan de la Cruz y a algunos de los pensamientos recogidos en sus comentarios en prosa al *Cántico espiritual* y a *Llama de amor viva*. En cuanto al *Cántico*, no se utiliza aquí la redacción más sencilla conocida como *Cántico A*, correspondiente al *Códice de Barrameda*, sino la versión actualizada y más completa del códice de las Carmelitas Descalzas de Jaén, o *Cántico B*; la cita se signa con la referencia *CB* seguida del número de la canción de que se trate y el apartado dentro de la misma. En cuanto a *Llama de amor viva*, la cita *Ll* tiene, igualmente, a continuación el número de la canción y el apartado.

1

Sobre la Sabiduría Escondida, la mística y la «singularidad» de Juan de la Cruz

1.1. Sabiduría de Dios Escondida y Sabiduría Primordial o Perenne

La Sabiduría de Dios Escondida, que aquí nos ocupa de la mano de san Juan de la Cruz, no debe ser confundida con la Sabiduría que diversas fuentes califican de «Primordial». Son sabidurías distintas, aunque hay una íntima conexión entre ellas, dado que la primera constituye el genuino fundamento de la segunda y su primigenia razón de ser.

Para conceptualizar adecuadamente la Sabiduría Primordial, conviene tener en cuenta que Gottfried Leibniz, el gran polímata germano, la bautizó como

«Perenne», como constata Aldous Huxley en su libro titulado precisamente *La filosofía perenne*. Ahora bien, más de un siglo antes que Leibniz, en 1540, Agostino Steuco, destacado humanista italiano, ya había publicado *De perenni philosophia*, obra en la que muestra el meollo de la Sabiduría Primordial al sostener la existencia de un núcleo común en la filosofía y la espiritualidad de toda la humanidad que se mantiene idéntico a través del curso de la historia. Esta convicción la hicieron suya, igualmente, personajes de aquel periodo como Nicolás de Cusa (considerado el padre de la filosofía alemana), Marsilio Ficino (encabezó la prestigiosa Academia Platónica Florentina) o Giovanni Pico della Mirandola (su *Oratio de hominis dignitate* es considerado el «manifiesto del Renacimiento»).

A partir de ahí, numerosos pensadores han escrito sobre la Sabiduría Primordial. Del conjunto de sus aportaciones cabe concluir que la misma cuenta con siete señas de identidad principales:

1.ª: Acompaña a la humanidad desde tiempos remotos, por lo que se la ha denominado también *Sabiduría sin edad*.

2.ª: Como subrayó Steuco, conforma un núcleo común de saber que está presente en la filosofía y la espiritualidad de toda la humanidad y se conserva intacto a lo largo de la historia.

3.ª: Comparte y difunde una visión del ser humano como dotado de una Esencia imperecedera que está más allá de su apariencia efímera y pasajera. Esta Esencia hace que el ser humano sea mucho más que un mero ente físico y temporal. Esta visión siempre ha alentado y animado a la humanidad a formularse y procurar resolver las grandes cuestiones de la existencia, en lugar de perderse irreflexivamente en la consecución de metas triviales y en el sota, caballo y rey del mundo y la vida material. Se trata de buscar algo más de lo que podemos observar a simple vista. Este algo más es lo que da sentido y valor a la vida de cada cual, aporta la perspectiva precisa para la comprensión de los acontecimientos que presenciamos en el tiempo y en el espacio y configura el eje medular en torno al cual giran la religión, la filosofía y la ciencia.

4.ª: Al hilo de esto último, aspira a la síntesis de las tres, pues la meta de cada una es idéntica a la de las otras: poner de manifiesto la Realidad que está más allá de lo material y se halla en la esencia del ser humano, la vida y el cosmos. Y de la espiritualidad, la filosofía y la ciencia se ha nutrido por igual la Sabiduría Primordial en su consolidación en el devenir histórico de la humanidad.

5.ª: En íntima conexión con lo anterior, la Sabiduría Perenne subyace en la práctica totalidad de las religiones y tradiciones espirituales del mundo. Esto explica la enorme similitud de fondo que hay entre ellas, más allá del ámbito cultural, el momento histórico y el espacio geográfico específico en que surgieron y se desarrollaron.

6.ª: Igualmente, está latente e implícita en el legado de hombres y mujeres insignes de todas las épocas, desde Sumeria hasta la actualidad. De hecho, se ha ido construyendo sobre las reflexiones, indagaciones, experiencias y aportaciones espirituales, filosóficas y científicas que, desde tiempos inmemoriales y hasta hoy, han realizado esas personas que la historia reconoce y acredita como auténticamente sobresalientes. (Su número es lo suficientemente extenso como para no poder ofrecer aquí una relación nominal de las mismas, por sintética que fuera). Esas personas atesoraron y compartieron una percepción de la existencia que rompió las barreras temporales de su contexto histórico. Vivieron en periodos muy distintos y en lugares muy distantes, pero entre todas han ido dejando una huella muy profunda en el desenvolvimiento de la humanidad. Esta huella ha ido constituyendo el soporte más crucial del acervo y patrimonio trascendente y cultural del género humano, hasta nuestros días.

7.ª: La séptima seña de identidad es la más relevante para estas páginas: la Sabiduría Primordial o Perenne bebe directamente de la Sabiduría de Dios

Escondida. Esto es así porque esos hombres y mujeres gozaron de una profundidad vital y espiritual evidente. Tenían una talla humana e intelectual indiscutible, sí, pero fue la profundidad mencionada la que dotó a esas personas de la *sencillez* más genuina. Esa sencillez, alabada en el Evangelio de Mateo, les permitió hablar, como se indica en la Primera Carta a los Corintios, no con palabras aprendidas de la sabiduría humana, sino con el lenguaje que el Espíritu de Dios enseña. Fue así como, accediendo a la Sabiduría Escondida, se inspiraron en ella para dar cuerpo y sustancia, con sus obras y escritos, al enorme bagaje sapiencial de la Sabiduría Primordial.

1.2. La experiencia de Dios o experiencia mística

En el arranque de la Introducción mencioné la «orden de los mudos», denominación que tuvo su origen en una experiencia tan especial que no es posible encontrar palabras para describirla. Pero ¿cuál es el contenido de tamaña vivencia? Esta cuestión solo puede ser respondida si nos adentramos en el terreno de la *mística*, término que se usa a menudo con demasiada superficialidad y desconocimiento de causa.

Afortunadamente, el *Diccionario de la lengua española* de la RAE (Real Academia Española) define con precisión y tino lo que *místico, ca* significa: la «experiencia de lo divino» y la «expresión literaria» de dicha experiencia. Esto está en sintonía con la definición de *misticismo* que ofrece el *Diccionario enciclopédico católico*: «conocimiento experimental de la presencia divina».

Por tanto, el contenido de tamaña vivencia, tan difícil de transmitir a los demás, radica, ni más ni menos, que ¡en la experiencia de Dios! Y está al alcance del ser humano de manera natural y consustancial, pues la divinidad radica en su verdadero ser y en su íntima naturaleza (Juan de la Cruz, como se verá, la denominó la «divinal esencia»).

Obviamente, la sola mención de una experiencia así, no digamos ya de la posibilidad de vivirla, levanta el rechazo, a veces iracundo, de muchas personas, que la estiman tan extraña como ilusa. Hasta la Iglesia católica, en uno de sus cuarenta y cuatro dogmas principales, sostiene que «la idea de Dios no es innata en nosotros», aunque a renglón seguido se autocorrige parcialmente al indicar: «pero tenemos la capacidad para conocerlo con facilidad, y de cierto modo espontáneamente por medio de Su obra».

¿Por qué tanta gente repudia la experiencia de Dios? Es probable que ello obedezca a una curiosa dolencia que describió Rudolf Steiner, allá por 1919, en *¿Cómo puedo encontrar al Cristo?* Manifestó Steiner que la negación de lo divino es «un real y auténtico defecto físico, una enfermedad física, una carencia física [...] Se trata de una enfermedad que no curan los médicos; sucede que ellos mismos frecuentemente la padecen».[*] Y, desde luego, es una enfermedad muy extendida en una sociedad en la que imperan una filosofía materialista de la vida y la creencia de que «Dios ha muerto». Merece la pena que nos detengamos en ambos temas para situar adecuadamente la experiencia mística de Juan de la Cruz.

1.3. Sobre la filosofía materialista

La filosofía materialista niega cualquier entendimiento trascendente de la vida y limita la existencia humana al campo estrictamente físico. Si te parece un enfoque razonable te diré que esta filosofía está inmersa, aunque sus partidarios ni se enteren, en una flagrante paradoja: no es capaz de asumir ni digerir las consecuencias e implicaciones de las conclusiones a las que ella misma llega. Esto es rotundamente contrario a esa «lógica» que el materialismo pretende monopolizar.

Valga un botón de muestra: las investigaciones científicas, que la filosofía materialista se jacta de tener como pilar, describen un universo gigantesco (de no menos de 93.000 millones de años luz de extensión), de una edad extraordinaria (unos 13.800 millones de años) y con una cantidad inimaginable de estrellas (700 cuatrillones) y planetas (miles de cuatrillones, de los que 50.000 trillones pueden ser habitables a tenor de los más recientes estudios de los astrónomos

---

[*] Steiner, Rudolf. *¿Cómo puedo encontrar al Cristo?* Biblioteca Upasika, pág. 6.

de la Universidad de Auckland [Nueva Zelanda]). Y, a la par, señalan que el ser humano (*Homo sapiens*) tiene una antigüedad de unos 200.000 años (sus restos más remotos localizados son los del Omo I de Kibish [Etiopía], con 195.000 años).

Pues bien, siendo esto así, el materialismo, que solo concibe la dimensión física de las personas, tendría que inferir que la humanidad casi carece de valor e importancia para la naturaleza: ¿qué son unas pocas decenas de miles de años sobre un pequeño planeta en comparación con la vida de un cosmos tan longevo e ilimitado? Una mosca volando en la habitación en la que te encuentras tiene mucha mayor relevancia en el contexto de la Tierra que la humanidad en el conjunto del universo conocido. ¡Que la humanidad entera!, no digamos ya una sola persona. Para la filosofía materialista, si fuera coherente con sus propias premisas y conclusiones, el significado de tu vida y la mía, como la de cada uno de nuestros congéneres, se reduciría prácticamente a cero.

Sin embargo, en lugar de hacer gala de esa coherencia y, a partir de ahí, revestirse quizá de modestia y abrir las puertas del discernimiento a otras tesis y orientaciones, el materialismo se encierra en sí mismo y se atrinchera en la prepotencia: sublima la condición humana hasta el grado cómico de considerarla la única forma de vida inteligente en el cosmos; eleva a la categoría de verdades absolutas (sobre la vida, la naturaleza, el universo…) los resultados obtenidos mediante unas pocas evidencias acerca de un número extremadamente reducido de fenómenos (observados mediante instrumentos exclusivamente físicos y con nítidas limitaciones); defiende y difunde puntos de vista muy categóricos y excluyentes construidos sobre unos cimientos tan frágiles y escasos; y descalifica sin más los abrumadores testimonios de innumerables personajes de todos los tiempos que, como ya se ha señalado, abogan por una visión trascendente de la existencia.

Acudiendo a los instrumentos analíticos que la psicología moderna proporciona, es fácil percatarse de que la prepotencia y el dogmatismo de que hace gala el materialismo son solo una huida hacia delante para no reconocer sus propias carencias y contradicciones y, muy especialmente, para rehuir algo tan obvio que sonroja tener que recordarlo: la colosal inmensidad del escenario cósmico en el que la vida se despliega a escala universal es una invitación constante y contundente a sopesar seriamente y con rigor la posibilidad de que la existencia humana sea algo más que la mera vida física y presente realmente otros contenidos, de perfil trascendente.

La filosofía materialista se muestra como una torpe vía de escape para no abordar las inconmensurables realidades que nos rodean y en las que la vida humana se sostiene e integra. Pretende enterrar la cabeza en el campo de los limitados y pequeños problemas inmediatos porque no se atreve a encarar los más reales y mayores que están siempre presentes en el trasfondo. Estos solo podemos explorarlos sumergiéndonos en los pliegues más íntimos de nuestra mente y nuestro espíritu.

1.4. La «muerte de Dios»

En cuanto a la «muerte de Dios», se suele atribuir a Friedrich Nietzsche la frase «Dios ha muerto y yo lo he matado». Pero el gran filósofo germano no se refería con ello a la muerte de Dios en sentido estricto, sino de nuestra idea de Dios, que es algo muy diferente. Ello está estrechamente unido al anuncio nietzscheano de una gigantesca oleada distópica originada y promovida por una corriente profunda y potentísima de materialismo galopante que efectivamente, de alguna manera, ha «matado a Dios». Lo ha hecho en el sentido de que ha impuesto unos paradigmas y parámetros existenciales completamente aferrados a lo material y al pequeño yo (el yo físico, emocional y mental y la personalidad a él asociada).

Evidentemente, que se haya «matado a Dios» no quiere decir que se hayan abandonado esas religiones que han tergiversado y manipulado la genuina Espiritualidad. Lo que se ha abandonado y desterrado ha sido precisamente la Espiritualidad, con mayúscula, que había sido cultivada por diversas tradiciones concretas. Esta ha sido sustituida por una visión de la vida que rechaza lo trascendente y echa al ser humano en los brazos de lo evanescente y superficial. Expulsada la Espiritualidad y la trascendencia de nuestras vidas y de la sociedad, ¿qué queda? Pues una uniformidad materialista disfrazada de teóricas opciones personales tan vanas como inconsistentes; y una globalización que arrasa los principios y fundamentos relevantes y extiende y asienta los falsos valores del rebaño... Los seres humanos que caen en esta insensata dinámica son poco menos que «suicidas», puesto que, al «matar a Dios», también «matan» la divinidad que atesoran en su Esencia. Es decir, «matan» a su verdadero ser y su auténtica naturaleza.

En palabras de Nietzsche, son los tiempos de los «últimos hombres»: hombres y mujeres pusilánimes que, expuestos a los caprichos del mercado y renunciando a lo espiritual, profesan la religión de la indolencia y la comodidad; dan la espalda a los ideales transformadores y desafiantes; se encadenan a la apariencia y se olvidan de la esencia; se esconden en la tímida mediocridad como única forma de supervivencia; subliman sus preocupaciones narcisistas, tribales y triviales para disimular la hosquedad y poquedad de su día a día; se autoengañan en la autocomplacencia; se dicen a sí mismos que son felices y se sumergen en un falaz «sentirse bien» en medio de la insoportable miseria vital en la que han convertido su cotidianidad; miran una estrella (el potencial de una vida desplegada en plenitud y consciencia) y no tienen deseo alguno de perseguirla, sino que solo parpadean y, entre parpadeo y parpadeo, se les va la vida... Los «últimos hombres» han creado un mundo asustado ante sí mismo; miedoso ante la vida y temeroso ante la muerte; receloso ante los valores superiores, mientras celebra lo mundano; desconfiado ante la grandeza de miras y el criterio propio que cualquiera ose albergar...

Como es natural, estos «últimos hombres», presas del materialismo y de la enfermedad descrita por Steiner, no pueden estar receptivos ante las cuestiones de tipo trascendente: ¿cómo se les puede hablar de la experiencia de Dios sin que experimenten repulsa y hasta odio? ¿Qué se les puede decir sobre la Sabiduría Escondida y la Sabiduría Primordial sin suscitar su rechazo e incluso su indignación? ¿Cómo se les puede instar a que gocen e integren las enseñanzas y vivencias espirituales de personajes como san Juan de la Cruz sin que manifiesten incredulidad y hasta desprecio?

Lo único que cabe hacer con estas personas es proyectarles, desde nuestro ser más íntimo, el Amor que se comentará en próximos capítulos. Y, por supuesto, hay que respetar al máximo su libre albedrío, su proceso evolutivo y el estado de consciencia en el que este se plasma. Lo cual, como también se analizará, ni justifica el dolor que el materialismo produce en tantos seres sintientes inocentes (humanos, animales...) ni puede llevarnos a la indiferencia, sino que debe motivarnos a la acción consciente.

1.5. La percepción de lo divino está al alcance de todos, aunque no sea fácil compartirla con quienes no la viven

Sin embargo, si hemos roto los grilletes del materialismo y nos hemos situado fuera del ámbito de este y hemos superado su ceguera existencial, estamos en disposición de proclamar, con Juan de la Cruz, que la percepción y la vivencia de lo divino están al alcance de todos los seres humanos. Y de manera natural y de forma directa, sin necesidad alguna de intermediarios. El único obstáculo que se interpone e impide esta experiencia son los sistemas de creencias que imperan en una humanidad egocéntrica y antropocéntrica; dichos sistemas de creencias son muy densos, a causa de la inconsciencia y las autolimitaciones mentales.

La vivencia trascendente es natural y asequible, sí, pero esto no implica que sea apropiado ufanarse de ella ni que sea fácil explicarla.

Acerca de lo primero y de la experiencia de Dios, Juan de la Cruz indica: «Le conviene al alma sobre todas esas grandezas tenerle por escondido y buscarle escondido, diciendo: ¿Adónde te escondiste?» (*CB*, 1, 3). Ojo, pues, con esto: que la prepotencia, tan propia del materialismo, y la soberbia, que es la última frontera a rebasar en el proceso espiritual, no contaminen nuestro avance en consciencia ni interfieran en él. Ello supondría un lastre inevitable para la divinal experiencia.

En cuanto a lo segundo, como se viene repitiendo, resulta harto complicado comunicar mediante palabras lo que se vivencia. Esto convierte la experiencia de Dios en algo extremadamente íntimo y, por ende, cerrado, hermético, sellado...

Este hecho es coherente con la etimología de la palabra *mística*, que incluye el significado 'cerrar'. Veámoslo: *mística* procede del griego *mystikós*, 'relativo a los misterios'. A su vez, *mystikós* es un derivado de *mystes*, 'iniciado'. Y tanto *místico* como *misterio* tienen la misma raíz, *myein*, que significa 'cerrar' o 'estar cerrado' e, igualmente, 'iniciar en los misterios'. *Myein* viene de la raíz indoeuropea *mu*, que significa 'murmullo' y 'sonido hecho con los labios cerrados'.

1.6. La mística en España: el «problema histórico»

La mística tiene a Juan de Yepes como gran protagonista en España, pero llega tardíamente a este país, como señala Luis Miguel Martín Santos:

Nuestro misticismo es tardío y cuando llega a España ya es un crisol de las distintas tendencias religiosas y filosóficas que había ido elaborando la cultura mística extranjera [...] Las doctrinas del nuevo neoplatonismo renacentista entran en España con León Hebreo, en un momento de exaltación religiosa que, junto al concepto renacentista del amor y del espíritu caballeresco, van a fraguar un tipo de caballero católico bien distinto al del resto de Europa y que va a condicionar de forma decisiva la literatura de tipo místico, que se va a debatir de continuo entre la Reforma y la Contrarreforma.[*]

Según lo aportado por Pedro Sainz Rodríguez en su *Introducción a la historia de la literatura mística en España*, con la que obtuvo el Premio Nacional de Literatura en 1926, cabe diferenciar cuatro grandes periodos en el devenir de la mística española:

- Desde sus orígenes en la Edad Media hasta 1500. Es un periodo de importación e iniciación, durante el cual se traducen y difunden las obras de la mística extranjera.
- De 1500 a 1560. Es una etapa de asimilación, en la que descuellan precursores como fray Hernando de Talavera, fray Alonso de Madrid, fray Bernardino de Laredo, san Juan de Ávila, Teresa de Cartagena o fray Francisco de Osuna, quienes realizan una labor de adaptación de las doctrinas importadas.
- De 1560 a 1600. Esta etapa, que coincide con el reinado de Felipe II, es de plenitud e intensa producción creativa, con personajes como fray Luis de León, Teresa de Jesús y Juan de la Cruz.

---

[*] Martín Santos, Luis Miguel. (1999). *Estudio preliminar de las poesías completas de san Juan de la Cruz.* Madrid: Edimat Libros, pág. 5.

- Desde el año 1600 hasta el ecuador del siglo XVII. Es un periodo de decadencia en el que diversos autores, que han sido calificados de «retóricos del misticismo», se limitan mayoritariamente a ordenar lo aportado a lo largo del periodo anterior, aunque alguno, como Miguel de Molinos, brilla con luz propia.

Todo ello hace que sean características de la literatura mística en España la aparición tardía y la escasez de precedentes, así como la limitada nómina de escritores. Esto ha llevado a algunos estudiosos del asunto a hablar de «problema histórico». ¿En qué consiste este problema exactamente? En palabras de Sainz Rodríguez, es difícil «explicar por qué esa maravillosa floración literaria se produce casi exclusivamente en un periodo máximo de siglo y medio».

A este «problema» habría que sumarle otro: el de cómo es posible que, en un escenario histórico tan acotado, aparezca una obra mística del calibre de la de san Juan de la Cruz, situada por méritos propios a la cabeza de la mística universal.

Evidentemente, ambos «problemas» se diluyen sin más si se tiene presente que las almas no vienen a esta vida física en función de relatos históricos, ni crónicas temporales, ni cronologías convencionales... Son muy otras las razones que las llevan a reencarnar, y las hay tanto *dhármicas* como *kármicas* (usando términos de las tradiciones espirituales orientales). Y, desde luego, en los místicos mencionados, hombres y mujeres, refulgen almas de un gran calado evolutivo que seguro que no encarnaron por casualidad, ni en cuanto a la época ni en cuanto al lugar.

En cualquier caso, es indudable que la obra mística de Juan de la Cruz tiene un valor inmenso en un contexto universal, como antes se apuntaba. Ello tiene que ver con la extraordinaria «singularidad» de este hombre y autor.

1.7. La «singularidad» de san Juan de la Cruz

En el devenir histórico, ¿cuántas personas (es decir, almas encarnadas) han gozado (literalmente) de la experiencia de Dios y de su Sabiduría misteriosa y secreta? Sin entrar en especulaciones, parece obvio que muy pocas. Ello incluye a todos los dominadores de este mundo, por supuesto, pues su orientación material les impediría acceder a este tesoro, el más valioso que podrían ambicionar. Nadie puede concebir siquiera la experiencia de lo divino si no es a través del amor de Dios, mucho menos acceder a ella.

Entre estas muy pocas personas, ¿cuántas han intentado compartir con los demás la Sabiduría Escondida y la experiencia de la misma? Pues un número muy reducido (pocas entre las muy pocas), habida cuenta la enorme dificultad del empeño.

De estas pocas entre las muy pocas y dada la dificultad mencionada, ¿cuántas se han expresado con el ingenio, la creatividad y la capacidad suficientes como para hacer relativamente comprensible a los demás lo que tal experiencia supone? Solo un selecto y extremadamente minoritario grupo de seres humanos, compuesto por no más de varias decenas de individuos con toda probabilidad, según se deduce a partir de contemplar las diversas tradiciones espirituales y su plasmación en las diferentes épocas y culturas.

Finalmente, el estudio comparativo de las aportaciones y obras de este exiguo grupo de hombres y mujeres permite constatar que ninguno ha logrado compartir la experiencia de Dios y su Sabiduría Escondida con la claridad, elocuencia y eficacia con que lo hizo Juan de Yepes. Con sus palabras logra persuadir y conmover el ánimo como ningún otro a la hora de describir una experiencia tan inefable; y lo hace con una hondura, una belleza y una sublimidad que no tienen parangón. Lo resumió magníficamente José Ángel Valente en *La piedra y el centro*: «A este límite extremo de la palabra nunca se ha llegado dentro de la tradición salvo Juan de la Cruz».

Por tanto, Juan de Yepes constituye un caso extraordinario, raro y excelente, que son precisamente los tres atributos con los que el *Diccionario de la lengua española* de la RAE define al término *singular*. Entonces, san Juan de la Cruz fue un personaje singular sin lugar a dudas, una *rara avis* dentro de la singladura espiritual de la humanidad.

Ello no quiere decir que haya sido una figura que haya tenido poca repercusión en su «singularidad», sino todo lo contrario: más allá de las influencias que haya podido ejercer como autor y del lugar que ocupa en la historia de la literatura, ha tenido un papel descomunal como nutridor del consciente colectivo de la humanidad (CCH), del que hay que destacar dos aspectos capitales:

- El CCH se alimenta, conforma y actualiza constantemente a partir de las aportaciones de cada ser humano en su particular evolución en consciencia: cada paso que da una persona en su proceso consciencial se incorpora a este consciente colectivo, que, por tanto, se configura y expande gracias a las contribuciones en consciencia que cada cual va efectuando al hacer su propio camino. Puede ser visto también como la *macromatriz holográfica consciente de la humanidad* (MHCH), que, estando en conexión con la consciencia planetaria, se nutre y crece permanentemente debido a las contribuciones en consciencia de cada ser humano. El consciente colectivo de la humanidad cuenta con una frecuencia vibratoria que cambia a cada momento; por tanto, está en continua evolución. Empleando terminología estadística, podemos decir que esta frecuencia vibratoria corresponde a la media aritmética de la consciencia del conjunto del género humano (que se obtiene, naturalmente, a partir de sumar el grado vibratorio asociado al estado de consciencia de cada persona y dividir el resultado por el número total de individuos).

- El CCH retroalimenta el proceso consciencial de cada persona. No *interfiere* en este proceso, el cual es individual y depende del libre albedrío, pero sí ofrece un «hábitat consciencial». Este hábitat, en la medida en que va aumentando su nivel y frecuencia vibratoria, va coadyuvando a limpiar de densidades el entorno consciencial y a allanar el proceso en el que cada cual ha de avanzar. Expresado metafóricamente, cuanto «más elevado» esté el consciente colectivo, más intenso será el viento que sople a favor del camino consciencial que cada uno ha de recorrer; el inconsciente colectivo, por su parte, sería el viento en contra.

Por último, todo lo expuesto sobre la «singularidad» de Juan de la Cruz debe ser tenido muy en cuenta ante lo que nos aguarda en los siguientes capítulos. Para cerrar este, dicha «singularidad» nos permite decir, parafraseando a Valente, que la sustancia última del canto de nuestro protagonista «es, en cierto modo, la imposibilidad del canto».

．．．．．．．．．．．．．．

2

．．．．．．．．．．．．．．

La vida de Juan de Yepes

2.1. Apuntes biográficos

Bautizado como Juan de Yepes Álvarez, san Juan de la Cruz vino al mundo en Fontiveros, un pequeño pueblo de la Moraña abulense, el 24 de junio de 1542. Su alma eligió para encarnar a unos progenitores que se casaron por amor, y una familia destinada a sufrir una gran penuria económica.

Concretamente, Gonzalo de Yepes, el padre, era un adinerado tejedor y mercader toledano; y Catalina Álvarez, la madre, una humilde y guapa costurera. Tuvieron tres hijos: Francisco, el mayor, sería albañil; Luis nació unos cuatro años después; y finalmente, unos cuatro años después de Luis, nació Juan, el menor. El matrimonio, al no ser de conveniencia, fue rechazado por la familia de Gonzalo, por lo que lo desheredaron.

Por parte paterna, es probable que la familia proviniera de judíos conversos o *cristianos nuevos*. Y algún historiador ha barajado la hipótesis de que Catalina Álvarez fuera morisca, es decir, descendiente de musulmanes que continuaron habitando en la península ibérica después de la Reconquista. No obstante, se trata de una conjetura con poco fundamento, aunque ha sido relativamente aceptada; por ejemplo, José Jiménez Lozano, premio Cervantes en 2002, escribió una novela histórica dedicada a Juan titulada *El mudejarillo*, en la que se da pábulo a dicha conjetura.

Gonzalo de Yepes murió cuando Juan contaba tan solo cuatro años, y también falleció su hermano Luis, víctimas ambos de la crisis agraria y el hambre que afectaron a Castilla en la década de 1540. La familia quedó sumida en la miseria. De hecho, Juan sufrió desnutrición infantil, y esta fue la causa principal de su escasa presencia física: de ahí el apelativo «mi medio fraile» con el que Teresa de Cepeda y Ahumada (santa Teresa de Jesús) se solía referir a él cariñosamente. Y hay quien señala que también a ello obedeció su muerte a una edad poco avanzada (cuarenta y nueve años). Ahora bien, esta última suposición implica un desconocimiento del hecho de que las almas no desencarnan por factores exógenos a su propio devenir consciencial, sino por razones trascendentes unidas a tal devenir. Por eso, es más acertado afirmar que

Juan de Yepes falleció exactamente cuando correspondía según su camino evolutivo y la extraordinaria aportación que efectuó al consciente colectivo humano.

Buscando sustento, la familia viajó a Arévalo; y de allí a Medina del Campo, donde Juan asistió a una escuela para niños pobres y empezó a aprender el oficio de tejedor. Al carecer de aptitudes para ello, entró a trabajar como criado del director del hospital de la localidad. Así pasó siete años. En paralelo, consiguió lo que hoy llamaríamos una beca en el colegio de los jesuitas; y tuvo como maestro a Juan Bonifacio, un reconocido humanista, pedagogo y dramaturgo jesuita, gran admirador de Garcilaso de la Vega, que influyó mucho en Juan a pesar de ser solo cuatro años mayor que él.

Su vocación religiosa, que se fue haciendo cada vez más patente, no lo llevó a los jesuitas, sino a la Orden de los Carmelitas, en la que ingresó a los veintiún años con el nombre de Juan de Santo Matía. El hecho de que eligiese una orden con raigambre eremítica pone de manifiesto su inclinación contemplativa, que pretendía satisfacer en ella. Ya como fraile profeso, se instaló en Salamanca, donde estudiaban carmelitas venidos de todas las provincias de España. En las aulas de la universidad salmantina realizó los tres cursos preceptivos (1564-1567) para bachillerarse en Artes y conoció a Garcilaso y a fray Luis de León.

No obstante, algo íntimo en Juan hizo que se sintiese cada vez más insatisfecho acerca del modo de vivir la experiencia contemplativa en el Carmelo e, incluso, llegó a considerar hacerse cartujo. Fue una etapa de búsqueda interior y reflexión en consciencia que, como acostumbra a pasar cuando dicha búsqueda y reflexión son sinceras y comprometidas, propició que la Providencia le hiciera un regalo espléndido e inesperado: el encuentro con Teresa de Jesús, que cambió la vida de ambos.

Fue en 1567 y en Medina del Campo. Juan se desplazó allí, durante unos pocos días, para algo muy especial: ser ordenado presbítero y celebrar su primera misa. Teresa, por su parte, arribó a la ciudad para fundar una nueva sede de su «reforma carmelita», los Carmelitas Descalzos. Con ello no pretendía cambiar la orden o «modernizarla», sino restaurar y revitalizar su cometido original, el cual se había mitigado mucho. Y lo estaba haciendo siguiendo la línea mística abierta por Meister Eckhart a caballo entre los siglos XIII y XIV, la cual, a pesar de las prohibiciones y condenas, se estaba desplegando por Europa.

Ese encuentro, en absoluto casual, entre dos almas de tan alto porte y vibración consciencial generó una rápida e intensa sintonía entre ellas, que evidenció la afinidad álmica que se comentará en el capítulo 6. Por ejemplo, escribió Teresa al poco de conocerse, en una de sus cartas: «Aunque es chico, entiendo es grande en los ojos de Dios. Es cuerdo y propio para nuestro modo; y así creo le ha llamado nuestro Señor para esto» (Cta 13, 2). A partir de ahí, se inició un fructífero camino en común que, en este plano físico, duró tres lustros, hasta el fallecimiento de Teresa en 1582.

Tras ese primer encuentro, Juan regresó a Salamanca para estudiar Teología, pero solo cursó el primero de los cuatro años requeridos; en agosto de 1568 abandonó la ciudad para acompañar a Teresa en su fundación femenina de Valladolid, un viaje que hay que interpretar como una especie de «noviciado» necesario para Juan al objeto de familiarizarse con el nuevo talante de la reforma, previo al inminente traslado a Duruelo (Ávila).

Aquí, el 28 de noviembre de 1568 se inauguró el primer convento de la rama masculina del Carmelo Descalzo según la «regla primitiva» de san Alberto; por lo tanto, se pretendía retornar a la práctica original de la orden. Durante la ceremonia, Juan de Santo Matía cambió su nombre por el de Juan de la Cruz.

Año y medio después, en 1570, la fundación se trasladó a Mancera, un pueblo algo más grande y con mejores posibilidades, donde Juan desempeñó el cargo de subprior y maestro de novicios. Ya en 1571, tras una corta estancia en Pastrana, donde puso en marcha su noviciado, se estableció en Alcalá de Henares como rector del recién inaugurado Colegio-Convento de Carmelitas Descalzos de San Cirilo. Juan se convirtió en uno de los principales formadores para los nuevos adeptos a la reforma carmelitana.

En la primavera de 1572, Teresa lo reclamó como vicario y confesor de las monjas de la Encarnación, que vivían en el convento femenino más importante de Castilla, del que era priora. En esta responsabilidad permaneció Juan de la Cruz hasta diciembre de 1577, por lo que pudo acompañar a Teresa en la labor de fundación de diversos conventos de Descalzas.

Paralelamente, en el seno de la Orden del Carmen se habían agravado las tensiones jurisdiccionales entre carmelitas calzados y descalzos. Y las confrontaciones aumentaron hasta el punto de hacerse perceptible la necesidad de separar ambas ramas. En este contexto aconteció el conocido episodio del encarcelamiento de Juan de la Cruz en Toledo el 3 de diciembre de 1577, motivado por su inclinación «reformista». Estuvo en una celda que no contaba con más de tres metros de largo por dos de ancho y cuya única ventana era tan pequeña y estaba tan alta que, para leer el oficio, tenía que ponerse de pie sobre un banquillo. Allí fue sometido a un régimen de pan y agua y se vio privado de sus libros y medios de escritura. Y siguiendo instrucciones de Jerónimo Tostado, vicario general de los carmelitas de España y consultor de la Inquisición, se le azotó y golpeó tan brutalmente que conservó las cicatrices hasta la muerte.

Resulta complicado ponerse en el lugar de Juan para entrever cuánto pudo sufrir en ese ominoso encierro, aunque se sabe que lo vivió con actitud estoica e inquebrantable y que sus penas coincidieron exactamente con las que describe Teresa para la sexta morada: insultos, calumnias, dolores físicos, angustia espiritual y tentaciones de ceder. Finalmente, el 17 de mayo de 1578, Juan logró escapar con la ayuda del carcelero.

Poco después, en septiembre de 1578, Juan de la Cruz se dirigió a Andalucía para reponerse. Y tras una breve estancia en Almodóvar del Campo, donde asistió a un complejo Capítulo de los Descalzos, llegó como vicario al convento de El Calvario, en la serranía jiennense. Desde este enclave aislado y retirado de las tensiones entre calzados y descalzos, realizó regularmente visitas a las monjas descalzas de la fundación de Beas de Segura, de la que era priora Ana de Jesús, a la que había conocido en Mancera. Entre ambos se desarrolló una entrañable amistad, que explica la dedicatoria de las *Declaraciones al «Cántico espiritual»*. En este entorno sosegado y relajante, en plena naturaleza, Juan disfrutó de una etapa de fecunda creatividad.

En junio de 1579, Juan partió para Baeza, ciudad universitaria entonces, donde se respiraba un clima de efervescencia religiosa, para fundar un colegio destinado a los estudiantes carmelitas. Su nombramiento como rector del Colegio Mayor, como antes en Alcalá, muestra el reconocimiento a su preparación intelectual y hondura espiritual. Mientras desempeñaba estas responsabilidades, se plasmó la separación del Carmelo Descalzo de los Calzados, en junio de 1580.

En enero de 1582, viajó a Granada, acompañado de Ana de Jesús y de sus hermanas de hábito. Allí conoció a Ana de Mercado y Peñalosa, dama segoviana viuda, favorecedora de las descalzas, a las que alojó en su casa durante alguna temporada, y con quien Juan de la Cruz trabó una significativa amistad; le dedicó el poema *Llama de amor viva*. En marzo tomó posesión del Priorato de los Mártires, donde permaneció hasta 1588, año en que el Carmelo teresiano fue reconocido como orden.

En esta etapa, por razones del cargo, realizó numerosos viajes a conventos de frailes y monjas tanto de España como de Portugal: en 1585, Málaga, Caravaca, Sevilla y Lisboa; en 1586 acompañó a Ana de Jesús a la fundación de Santa Ana de las Descalzas en Madrid; entre ese año y 1587 se desplazó a Córdoba, Beas, Bujalance, Baeza, la Manchuela, Guadalcázar y Sabiote. Se ha calculado un recorrido de veintisiete mil kilómetros en total, lo que pone de manifiesto que Juan supo equilibrar la vía contemplativa con la actividad. Con respecto a su labor creativa, esta época es de rico esplendor.

Mas otro tipo de movimientos, más conflictivos y densos, no tardarían en llegar. Y es que a mediados de 1588, en el primer Capítulo General de la nueva orden, celebrado en Madrid, Jerónimo Gracián fue destituido de todos sus cargos (había sido general de la misma) y destinado a México (adonde no llegaría a viajar nunca), a la par que Nicolás Doria fue nombrado vicario general, y se eligió una Consulta de seis frailes para que lo ayudaran en el gobierno. En este marco, Juan de la Cruz fue designado primer definidor y tercer consiliario de la Consulta, la cual debía presidir en caso de ausencia de

Doria. En agosto, la Consulta se trasladó a Segovia. En consecuencia, Juan regresó a Castilla como presidente-prior del convento segoviano, y renunció al Priorato de Granada en marzo de 1589. En la ciudad del acueducto redactó la mayor parte de las cartas que se han conservado.

Pero las diferencias de Juan con Doria, a propósito de la visión y ejecución de la reforma, se fueron acrecentando, hasta que Doria acabó por arremeter contra los tres cofundadores de la nueva orden: Ana de Jesús, Jerónimo Gracián y Juan de la Cruz, compañeros y discípulos de Teresa de Jesús. Ante esto, Juan, partidario de esta última, se enfrentó abiertamente a Doria en 1590, en el Capítulo General ordinario de Madrid. A consecuencia de ello, en el siguiente Capítulo, en junio de 1591, fue destituido de todos sus cargos y reintegrado como mero súbdito a la comunidad de Segovia. Se pretendió exiliarlo a México y se le extendió una patente para que fuese a las Indias. Posteriormente, sus superiores, para aplacar el escándalo, dieron marcha atrás y el destierro nunca llegó a materializarse. Sin embargo, hastiado de tantas intrigas, Juan se mantuvo firme en su decisión de no volver a ocupar responsabilidades en el seno de la orden.

Durante un nuevo viaje a Andalucía, en agosto de 1591, hizo una escala en el convento de La Peñuela, donde redactó sus últimas cartas a la espera de nuevos avisos de la orden. Allí cayó enfermo con unas «calenturillas» tan pertinaces que, en septiembre, tuvo que trasladarse a Úbeda para recibir atención médica; se instaló en el convento de San Miguel, donde fue acogido con desafección por el prior del lugar. La enfermedad se agravó aceleradamente y le sobrevino la muerte en la noche del 13 al 14 de diciembre de 1591.

Enterrado inicialmente en el citado convento carmelita de Úbeda, Ana de Peñalosa intercedió, junto al general de la orden carmelitana de Segovia, para que el cuerpo del fraile fuese trasladado allí. Y en una madrugada de 1593, para que la operación fuera furtiva, se exhumaron los restos mortales y fueron llevados a la ciudad castellana. Se hace referencia a este cortejo mortuorio, según diversos expertos en la obra, en el capítulo diecinueve del *Quijote*, aquel en el que el personaje creado por Cervantes y su escudero Sancho se encuentran con una comitiva fúnebre. Incluso hay autores que sostienen que Cervantes no solo conoció el traslado del cuerpo incorrupto de san Juan de la Cruz, sino que vivió la escena en primera persona, pues en esas fechas era funcionario en Andalucía (recaudador de impuestos atrasados) y eran frecuentes sus viajes por ese camino que unía Castilla y Andalucía.

Por cierto: el Cabildo municipal de Úbeda aprobó, el 9 de febrero de 1596, la petición al papa Clemente VIII para que el cuerpo de Juan fuera devuelto a la ciudad. El pontífice, el 15 de septiembre de 1596, expidió su breve apostólico *Expositum nobis fuit*, en el que ordenaba la restitución del cadáver a Úbeda. Pero la ejecución papal fue dilatándose, pues Segovia no facilitó el cumplimiento del mandato. Finalmente, se acordó un armisticio: Úbeda se conformó con tener solo un dedo (el índice de la mano derecha) y una pierna completa. La mayor parte de los restos de san Juan de la Cruz yacen, por tanto, en Segovia, en contra de la voluntad del papa y de la ciudad de los cerros; concretamente, desde 1927, en un mausoleo erigido en una capilla del segoviano Convento de los Carmelitas Descalzos, junto al Santuario de la Fuencisla.

2.2. Apariencia de «perdedor» y Esencia de Gran Alma

A simple vista, la vida de Juan de Yepes no parece prominente, sino más bien gris. Incluso se podría aseverar, acudiendo al calificativo promovido por las películas estadounidenses, que fue la historia de un «perdedor». Así parecen indicarlo estos datos:

- Nació pobre de solemnidad y falleció sin patrimonio personal alguno, destituido de todos sus cargos e, incluso, amenazado con el destierro.
- Fue encarcelado en dos ocasiones: unos pocos días en 1575, y por miembros de su orden entre 1577 y 1578.
- Nunca publicó nada en vida, ni de su obra en prosa ni de su creación poética.

- Tras su muerte, su obra, además de tardar décadas en ver la luz, no fue objeto de un auténtico reconocimiento hasta pasados tres siglos.
- Y algo que, sin duda, hizo mucha mella en Juan: sufrir de manera directa y por partida doble (en el Carmelo previo a la reforma y, muy especialmente, en el ya descalzo) lo que significa e implica el declive de los movimientos espirituales.

En relación con este último punto, la observación de la historia y el estudio de las religiones comparadas ponen de manifiesto que numerosos movimientos y escuelas espirituales, tras un periodo de esplendor temporalmente cercano a la experiencia y vivencia de las personas que inicialmente los impulsaron, decaen y entran en una pronunciada fase de pérdida de fundamentos y valores que, a menudo, nunca logran superar. El guion se repite con reiteración: transcurridos entre cincuenta y ciento cincuenta años de la muerte física de los fundadores y de la gente más próxima y comprometida con ellos, se instauran otras dinámicas en el seno de los movimientos. Esencialmente, ocurre lo siguiente:

- Adquieren un papel preponderante personas que tienen una talla espiritual mucho menor. Estas, paulatinamente, afianzan su liderazgo en un contexto caracterizado por el creciente olvido de los postulados primigenios.

- Se prima lo que representa que son intereses de la organización por encima de los objetivos que motivaron su fundación. Por lo tanto, esos objetivos originales se devalúan.
- Se incrementa la ilusión ritualista y las actitudes prepotentes, como el dogmatismo, el secretismo en la gestión y la toma de decisiones, la imposición del criterio propio, o el rechazo y descrédito del criterio de los demás cuando es distinto.
- Se extiende la idea de que el fin justifica los medios.
- Se incrementan los conflictos y las luchas de poder internas.
- Se acrecientan la descalificación, la marginación y la expulsión de los que son críticos con lo nuevo instaurado.

Estas son solo algunas de las «malas prácticas» que se establecen; no sería difícil elaborar un catálogo que las reuniese todas, a partir de lo que han experimentado numerosas corrientes e iniciativas espirituales.

En el caso de Juan y de la reforma carmelita, todo el asunto fue aún más «grave», en el sentido de que no tuvieron que transcurrir ciento cincuenta ni cincuenta años: todo el desbarajuste aconteció cuando aún no había pasado una década desde el fallecimiento de Teresa de Jesús, la gran protagonista de la reforma; y todavía estaban en el movimiento descalzo los tres cofundadores de la nueva orden: como se ha indicado, Ana de Jesús, Jerónimo Gracián y el propio Juan de la Cruz, quienes padecieron el hostigamiento de Nicolás Doria y compañía.

Sin embargo, tras la apariencia de fracaso que dimana de los puntos anteriores, vivió un gran hombre y un alma excelsa que nos alumbró, como se constatará en los siguientes capítulos, desde la Sabiduría de Dios Escondida. Este gran ser abrazó la Nadeidad hasta metamorfosearse en Ella, y dio unos frutos inigualables en cuanto a la contemplación, la vida activa y comprometida y la escritura.

Tanto es así que, acudiendo a las tradiciones hinduista y budista, no es exagerado tildarlo de Gran Alma (*Mahatma* en sánscrito) que plasmó en su vida física las características principales de un *Bodhisattva* (es decir, de alguien que se encuentra en el camino hacia la Budeidad; este término es la suma de dos: *bodhi* ['supremo conocimiento'] y *sattva* ['ser']). Juan de la Cruz manifestó en la práctica las seis perfecciones enumeradas en los *Sutras Prajñaparamita* o Sutras de la Perfección de la Sabiduría: sabiduría, concentración, compasión (dar, compartir), paciencia, perseverancia y disciplina espiritual. También mantuvo siempre un nítido compromiso con la búsqueda de la suprema Iluminación, no solo en beneficio propio, ni tampoco en el exclusivo de la humanidad, sino por el bien de todos los seres sintientes.

La propia Iglesia católica, que hasta su fallecimiento consideró su obra casi herética, lo elevó posteriormente a los altares como santo: el proceso de beatificación y canonización se inició en 1627 y finalizó en 1630, siendo beatificado en 1675, por el papa Clemente X, y canonizado en 1726, por Benedicto XIII.

Por tanto, la propia vida de Juan de Yepes, desde lo paradójico de la apariencia de «perdedor» y la Esencia de Gran Alma, fue una bella e intensa cristalización del «para venir a lo que no eres has de ir por donde no eres», como dijo en el «Modo para venir al Todo» de sus *Versillos del Monte Perfección*:

> Para venir a lo que no sabes
> has de ir por donde no sabes.
> Para venir a lo que no gustas
> has de ir por donde no gustas.
> Para venir a poseer lo que no posees
> has de ir por donde no posees.
> Para venir a lo que no eres
> has de ir por donde no eres.

3

La obra literaria

3.1. Vocación tardía, labor secundaria

Todos los datos disponibles permiten asegurar que la escritura constituyó para Juan de la Cruz una vocación tardía y una labor secundaria. Prefirió el Silencio («la música callada, la soledad sonora») muy por encima de las palabras, fuesen en verso o en prosa. Y sus prioridades, antes que escribir, se centraron en dos ocupaciones que, si son genuinas y certeras, han de ir de la mano, como en Juan fueron: la meditación, a la que frecuentemente denominó *alta contemplación*, y la acción consciente, que expresó de múltiples maneras; ambas se examinarán en otras partes del presente texto. Ello puede explicar ciertos hechos que nos encontramos en relación con su obra literaria:

- La obra literaria de Juan de la Cruz no fue extensa.
- Dos de sus obras poéticas más sobresalientes, *Noche oscura* y *Subida del Monte Carmelo*, están inconclusas.
- Sus comentarios en prosa, con los que trata de compartir el inexplicable relato del encuentro divino, terminan de forma precipitada.
- Él mismo, en su proverbial modestia, consideraba que sus textos no pasaban de ser un intento burdo, tosco y hasta inútil de describir el encuentro místico con el Amado.

Sin embargo, a pesar de todo esto, Juan de Yepes vivió siempre su labor creativa con un gran entusiasmo, en el sentido etimológico del vocablo: proviene del griego *enthousiasmós*, que significa 'inspiración o posesión divina'. Es esta inspiración, unida a la ausencia de interferencias egoicas, lo que hace que su obra literaria sea colosal y excepcional, por varios motivos: por la inmensa Sabiduría que contiene; por la espectacular Belleza que la inunda; y por la extraordinaria Luz que transmite a los que, con corazón y mente abiertos, se acercan a ella.

En definitiva, la creatividad de Juan de la Cruz tiene un valor universal que trasciende la apariencia del ser humano, el yo perecedero. A través de ella toca la Esencia divina e imperecedera que constituye nuestra auténtica naturaleza, la remueve y coadyuva a que se manifieste.

3.2. Obra poética

En la creación literaria de Juan de Yepes brilla radiante la de carácter lírico, una obra poética tan deslumbrante como breve. Como dice Jorge Guillén en «San Juan de la Cruz o lo inefable místico», dentro de su obra *Lenguaje y poesía*: «Es el gran poeta más breve de la lengua española; acaso de la literatura universal».

Tres son sus obras capitales: *Cántico espiritual*, *Noche oscura* y *Llama de amor viva*. Las tres tienen su correlato en varias obras en prosa, que les sirven de exégesis, dado el hermetismo simbólico de los versos: por un lado, «Cántico espiritual»; y por otro, «Subida del Monte Carmelo», «Noche oscura del alma» y «Llama de amor viva», las tres reunidas en el volumen *Obras espirituales que encaminan a un alma a la perfecta unión con Dios*.

Además de esa tríada de obras centrales, Juan de Yepes fue autor de otros siete poemas, a los que se suelen añadir varios de autoría discutida. Citando el primer verso de cada uno, se trata de *Entreme donde no supe*; *Vivo sin vivir en mí*; *Tras de un amoroso lance*; *Un pastorcico, solo, está penado*; *Aquella eterna fonte está escondida*; *En el principio moraba*; y *Encima de las corrientes*.

3.3. El *Códice de Barrameda*

Hay que hacer especial mención al *Manuscrito de Sanlúcar* o *Códice de Barrameda*, uno de los más antiguos en recoger la obra poética de Juan de la Cruz y sus comentarios a la misma.

Se conserva en el Convento de las Carmelitas Descalzas de Sanlúcar de Barrameda y, como se subrayó en la Introducción a propósito del *Cántico espiritual*, su redacción es más sencilla que la versión actualizada y más completa del códice de las Carmelitas Descalzas de Jaén. Sin embargo, es el único que contiene anotaciones manuscritas del propio Juan de la Cruz, quien corrigió, tachó y añadió lo que creyó conveniente a la copia realizada por el amanuense; subsanó las deficiencias que detectó e introdujo enmiendas y mejoras. Por todo esto, se convirtió en el borrador del texto definitivo (el mismo Juan lo anotó en el frontispicio de la copia: «Este libro es el borrador del que ya se sacó en limpio»), lo que otorga al *Códice de Barrameda* una indudable relevancia.

3.4. «Veracidad», no modernidad

En torno a la lírica de Juan de la Cruz existe unanimidad en cuanto a su radical originalidad al saber conjugar como nadie las influencias bíblicas, la tradición culta italianizante y el acervo de la poesía castellana. Y ello sin menoscabo de dos circunstancias significativas: la utilización por Juan de la Cruz del *contrafacta* en su composición poética y la recreación de la obra literaria por la crítica moderna.

En lo relativo a lo primero, Ángel García Galiano, autor de obras como *Teoría de la imitación poética en el Renacimiento*, indica que la creatividad literaria de Juan de Yepes estuvo muy ligada al uso del contrafacta: una especie de versionado de textos previos que, en cuanto a los que atraen la atención de Juan, acostumbran a ser antiguos y sagrados. De hecho, en sentido estricto, la idea de originalidad es una creación romántica; con anterioridad, el protagonismo lo tenía la recreación imitativa, que consistía en tomar un texto preliminar y versionarlo o refundirlo.

Contrafactum es un término latino correspondiente al actual vocablo *contrafacción*, que significa 'infracción', según el *Diccionario de la lengua española*. En música vocal, *contrafactum* es la sustitución de un texto por otro sin efectuar cambios sustanciales en la música. Y Bruce W. Wardropper, en *Historia de la poesía lírica a lo divino en la cristiandad occidental*, propone *contrafactum* como término internacional para designar una obra literaria (a veces una novela o un drama, pero generalmente un poema lírico de corta extensión) cuyo sentido profano ha sido sustituido por otro sagrado. Se trata, pues, de la refundición de un texto, en que a menudo se mantienen la métrica y las rimas del original.

La gran creatividad de Juan en sus meses de encarcelamiento en Toledo tuvo su base, por ejemplo, en el uso del contrafacta. Usó esta técnica de composición imbuido de pasión por la belleza (atributo divino presente en él, alimentado además por sus aspiraciones platónicas). En cuanto al contenido, fundió en sus escritos una sólida base bíblica con la tradición occidental de trasfondo clásico; y le sumó un poco de lírica popular pastoril y un cierto aroma oriental. Todo ello le confiere a su obra tanto una personalidad única como un atractivo universal, pues está abierta a todas las culturas.

Por cierto, el arabista Asín Palacios documentó en 1933, en el extenso artículo *Un precursor hispanomusulmán de san Juan de la Cruz*, los numerosos paralelos que hay entre los poemas de Juan de Yepes y la compleja literatura mística musulmana medieval. Igualmente, los trabajos de Luce López-Baralt (*San Juan de la Cruz y el islam. Estudio de la filiación semítica de la literatura mística*) han confirmado la filiación sufí para el símbolo del pájaro solitario, la imagen del pozo del alma y otras. Mas no hay una explicación consensuada y sigue abierta la investigación acerca de cómo se produjo la conexión entre las fuentes islámicas y la obra del santo abulense.

En cuanto a la recreación de la obra literaria de Juan de la Cruz por parte de la crítica moderna, David Barreto afirma que «San Juan de la Cruz invoca a la paradoja» en cuanto «parecería ser el caso de que conjuga la quintaesencia de la lírica pre-moderna al mismo tiempo que el núcleo pleno de la modernidad». A continuación, dice que hay que tener muy en cuenta que «su legión de exégetas ha confundido dos temporalidades históricas y dos prácticas poéticas disímiles hasta volverlas indistinguibles». Esta circunstancia conduce a Barret a formular la conclusión de que «el san Juan de la

Cruz que conocemos fue, en pocas palabras, una creación de la crítica moderna».[*]

En sentido estricto, esto es así y no puede ser de otra manera, habida cuenta del cuasiolvido de su obra a lo largo de tres centurias y de su recuperación, como ahora se detallará, hace aproximadamente un siglo. Pero una cosa es esto y otra bien distinta que la obra sanjuanista pueda ser tildada de modernista, valoración en la que algunos se empeñan, arguyendo, por ejemplo, que en sus textos se nos habla en primera persona, directamente. Pero Juan no fue realmente un escritor moderno, ni su obra es modernista.

Muchos autores aseguran que la modernidad se despliega en el siglo XVII con el objetivo de renovar en la creación valiéndose de los nuevos recursos del arte poético y dejando las antiguas tendencias. Para otros, la modernidad es un concepto filosófico, historiográfico y sociológico que puede definirse como el proyecto de imponer la razón como norma trascendental de la sociedad. Lo que resulta incuestionable es que la modernidad es un concepto polisémico, que tiende a cambiar con el tiempo a medida que surgen nuevas interpretaciones. Por lo tanto, la consideración del concepto como tal presenta una gran complejidad, pues desde sus orígenes ha estado asociado a distintos significados.

---

[*] Barreto, David. (2015). «Políticas de la lírica: Menéndez Pelayo y la creación moderna de san Juan de la Cruz». *Calíope* (revista de la Society for Renaissance and Baroque Hispanic), *20* (1), 75-97.

Teniendo en cuenta todo lo anterior, parece más bien, en lo que a san Juan de la Cruz respecta, que se está viendo modernidad donde lo que hay es un compartir algo desde algo inexorablemente unido a la *intimidad* más recóndita y reservada del autor. Más explícitamente: lo que ocurre es que se confunde modernidad con *veracidad*, dada la dificultad de captar esta cuando la obra de Juan de Yepes es analizada desde prismas carentes de espiritualidad.

Lo comentado en el capítulo primero acerca de la Sabiduría Escondida y la mística aporta luz suficiente para aseverar que la obra literaria de Juan de la Cruz es ajena a cualquier categoría al uso y escapa a toda paradoja. Simplemente plasma, ni más ni menos, el compartir sincero de un ser humano que ha accedido a un estado de consciencia espiritual francamente excepcional. Ha logrado este estado a través de sus propias experiencias y de desarrollar el discernimiento, y dicho estado es excepcional no porque no sea natural en el ser humano, como ya se comentó, sino porque lo viven muy pocas personas. Este estado de realización lleva asociado un entusiasmo (en el sentido de inspiración o posesión divina, como veíamos) que motivó a san Juan de la Cruz a dirigirse a todos quienes pudiesen estar interesados en saber algo de dicho estado a través de leerle. Por razón del mismo grado de realización que había alcanzado, no hizo eso motivado por ningún tipo de vanidad, sino desde una postura absolutamente desprovista de ego.

Fue así como pudo y puede acercarnos, a través de sus escritos, a lo eximio, indescriptible e inenarrable. Esto solo es posible gracias la mencionada veracidad de lo que comparte, a lo que se añade una inteligencia privilegiada, una sensibilidad extraordinaria y una autenticidad personal sin fisuras.

El fruto de su estado, su personalidad y su arte es tal que nos permite adentrarnos y sumergirnos en su formidable e impresionante encuentro místico y en la transformación y mutación espiritual que conlleva. Puesto que su «corazón no se satisface con menos que Dios» (*CB*, 35, 1), llega el punto en que no tiene «otro oficio» que «amar», tal como asegura en su *Cántico espiritual*:

> Mi alma se ha empleado
> y todo mi caudal en su servicio;
> ya no guardo ganado
> ni ya tengo otro oficio,
> que ya solo en amar es mi ejercicio.

En esta misma línea, hay que poner en relación los versículos ya reseñados de la Primera Carta a los Corintios, en los que se nos anuncia la Sabiduría de Dios misteriosa y secreta, con lo que indica la primera carta del apóstol san Juan (4: 7-8): «El que ama ha nacido de Dios y conoce a Dios. El que no ama no ha conocido a Dios, porque Dios es amor».

Por tanto, la experiencia de Dios es ineludiblemente una experiencia de Amor. Y esta es la experiencia de san Juan de la Cruz, absolutamente incomprensible para los que dirigen su vida por derroteros carentes de Trascendencia, faltos de Consciencia y ajenos a nuestra íntima Esencia.

De ahí que, tómese buena nota, su obra escapa por completo de los clichés académicos: tal como constató Marcelino Menéndez Pelayo en *Escritos de crítica literaria*, se trata de una poesía «angelical, celestial y divina, que ya no parece de este mundo, ni es posible medirla con criterios literarios». Y constituye para el lector una oportunidad única y una invitación exclusiva a asomarse a la experiencia de Dios. No en balde, como reseña igualmente Menéndez Pelayo: «Por allí ha pasado el espíritu de Dios, hermoseándolo y santificándolo todo... Juzgar tales arrobamientos, no ya con el criterio retórico y mezquino de los rebuscadores de ápices, sino con la admiración respetuosa con que juzgamos una oda de Píndaro o de Horacio, parece irreverencia y profanación».

3.5. Del olvido a la admiración

Como antes se señaló, Juan de la Cruz no publicó nada en vida. Tras su fallecimiento físico, el *Cántico espiritual* fue editado en Francia en 1622; y en castellano salió a la luz en Bruselas en 1627, casi medio siglo después de que comenzara a ser escrito. Su poesía completa no se publicó en España hasta 1630.

No obstante, para que la obra literaria de Juan fuera realmente puesta en valor, hubo que esperar más de tres siglos. Más exactamente, es lugar común afirmar que hubo que aguardar hasta 1924, año en que apareció el libro de Jean Baruzi titulado *San Juan de la Cruz y el problema de la experiencia mística*, el cual abrió las puertas al reconocimiento por parte de Juan Ramón Jiménez y de la Generación del 27 (Dámaso Alonso, Jorge Guillén, Luis Cernuda...). No obstante, lustros antes, otros literatos ilustres ya habían preparado el terreno, como ejemplifica lo que se acaba de recoger de Marcelino Menéndez Pelayo. Y el 24 de agosto de 1926, siendo papa Pío XI, Juan de la Cruz fue proclamado doctor de la Iglesia Universal por la misma institución que había considerado, estando él vivo, que su obra rayaba lo herético.

¿A qué se debió que tuviese que pasar tanto tiempo hasta que la obra y la figura de Juan de la Cruz gozasen de verdadero reconocimiento? Sin duda, las razones son varias, aunque sobresalen dos: la cualidad de Juan como espíritu libre; y su nítida percepción de la divinidad como totalmente alejada del Dios «exterior» que las religiones dogmatizadas han procurado imponer. Lo primero se trata a continuación, y lo segundo, como arranque del próximo capítulo.

3.6. Un espíritu libre

Juan de la Cruz fue, sin duda, un espíritu libre. Curiosamente, hubo una serie de grupos religiosos dispersos que se extendieron por Europa desde mediados del siglo XIII hasta el siglo XV llamados Hermanos del Libre Espíritu; pero cuando digo que Juan de Yepes fue un espíritu libre, no lo estoy vinculando a esta corriente. Lo estoy incluyendo en la categoría de los pocos seres extraordinarios que, fuera de los cauces regularizados y oficializados, buscan esa Verdad que tiene en Dios su más completa y compleja manifestación. Fueron espíritus libres quienes estuvieron detrás de la elaboración de esa joya literaria de la meditación cristiana que es *La Nube del No Saber*, texto anónimo inglés del siglo XIV centrado en la contemplación. En ese texto, el alma se une a Dios dentro de una nube; en Juan de la Cruz, la unión con Dios se expresa con la metáfora de «la amada en el Amado transformada», como veremos muy pronto.

Afirmó Goethe: «Nadie es más esclavo que aquellos que se creen libres sin serlo». A lo que Oscar Wilde apostilló: «Llevamos cadenas, aunque nadie las vea; somos esclavos, aunque nos llamen libres». Este convencimiento representa una constante en la genialidad del ya citado Friedrich Nietzsche, apasionado defensor de la persona dueña de sus actos: aquella que piensa y decide por sí misma sin dejarse condicionar por la sociedad; que no es producto de la ingeniería social, sino que toma las riendas de su vida y asume la responsabilidad por sus acciones. Así, en su obra *Más allá del bien y del mal* realiza una detallada descripción de las seis características del espíritu libre, cuya base es la autoafirmación de la voluntad y la renuncia a las influencias ajenas:

1. Gozar con la soledad (la «edad del sol») elegida.
2. Mantener la mente abierta a nuevos conocimientos y perspectivas, sin tener la presunción de saberlo todo, lejos de toda arrogancia.
3. Dejar a un lado el mal hábito de querer estar de acuerdo con todos, así como cualquier pretensión de gozar de reconocimiento y admiración social.
4. Ser fuerte e independiente, sin importar el hecho de no encajar en moldes preestablecidos, y aceptar que las propias intelecciones supremas puedan parecer tonterías y, en determinadas circunstancias, crímenes y herejías, cuando llegan a oídos de quienes no están preparados para entenderlas.
5. Ir más allá de los estereotipos y convenciones sociales y de la falsa moral.
6. Desarrollar el desapego (respecto de personas, costumbres, instituciones, ideologías...), cual pájaro que levanta el vuelo y va cada vez más lejos, hacia las alturas, a fin de ver la vida y todos sus avatares con verdadera perspectiva.

La obra de san Juan de la Cruz está intrínsecamente marcada por todo lo anterior. Rompe las cadenas de los patrones de pensamiento imperantes, por doctos y santos que pudieran parecer, no solo en lo relativo a las ideas, sino también en cuanto al propio proceso de pensamiento. Y lo hace sin mostrar asomo alguno de enojo contra nadie ni contra nada, tampoco de vanidad; y siempre reflejando emociones y pensamientos nobles, de alta gradación vibratoria.

La honda libertad de Juan de la Cruz nace de la íntima y rotunda necesidad de alcanzar la Verdad, y radica tanto en el descubrimiento interior como en el desalojo, llaves ambas que abren sin cesar puertas que conducen a nuevos espacios de sabiduría, en los que Juan de Yepes entra de lleno, para ponerlos a disposición de todos a través de su obra literaria.

En cuanto al descubrimiento interior, Juan de la Cruz cursa la senda encomiablemente descrita por Agustín de Hipona en sus *Confesiones* (Libro X, 27), que conduce a encontrar dentro lo que tantos buscan fuera:

> ¡Tarde os amé, hermosura tan antigua y tan nueva, tarde os amé! Y he aquí que Vos estabais dentro de mí y yo, de mí mismo, estaba afuera; y, por de fuera, yo Os buscaba. Estabais conmigo; y yo no estaba con Vos. Manteníanme alejado de Vos todas aquellas cosas que, si Vos no fueseis, no serían.*

---

* Hipona, san Agustín de. (1967). *Confesiones*. Barcelona: Editorial Ramón Sopena, pág. 329.

En ese penetrante encuentro forja Juan su libertad, que emana, por tanto, de su propio interior, y le permite sobreponerse a las circunstancias adversas que puedan sobrevenir. Esta libertad está asentada en la consciencia de la divinal esencia que todos atesoramos. Y el santo abulense dejó fluir enteramente dicha esencia. Para ello, rompió ataduras con el «mundanal ruido» al que se refirió fray Luis de León, y la liberó de las densas interferencias que en este plano material suelen aprisionarla en el cruel olvido de lo que somos y es.

De este modo, en libertad, vivió Juan durante muchos años desde la intuición y el presentimiento; y en el último tramo de su vida, disfrutó dicha libertad desde la inspiración, la profunda experiencia directa de la transformación en Dios y la absoluta Unión con Él a través del Amor.

Sobre el desalojo, Juan escribió que «la satisfacción del corazón no se halla en la posesión de las cosas, sino en la desnudez de todas ellas y la pobreza de espíritu» (*CB*, 1, 4). No obstante, su desalojo no se queda aquí y aspira a más: a convertirse en una manera permanente de vivir el aquí-ahora desde el vaciamiento de todo lo que no sea la esencia divina. Se trata, pues, de un estado constante, experimentado momento a momento, en el que cesa toda voluntad y todo esfuerzo. Vale la pena advertir el paralelismo entre los versos sufíes de Rumi «Quien no escapa de la voluntad, carece de Voluntad» con el mensaje muy yepista de que «quien no escapa del esfuerzo, para nada se esfuerza». Esto representa pasar de lo subjetivo a lo objetivo: la transformación de la creación en gozo; la transformación del gozo en creación.

La obra de Juan de la Cruz proviene, por tanto, de un centro intelectual que lo lanza exponencialmente a la fusión con Dios y a la radical confianza en la Vida y la Providencia divina. Se trata de un camino de desalojo interior que implica varias cosas:

- Desprenderse de cargas y anhelos, desde la mirada de unos ojos que otean la propia hondura.
- El don de sí como vocación, que es el verdadero amor, en sustitución de la búsqueda de sí.
- Abandonar cualquier tipo de identidad personal e incluso cualquier idea de ser para encontrar lo que en realidad somos: Nadeidad o, si se prefiere, Dios.

Todo ello conduce, intrépidamente y desde el entusiasmo, al abandono de la necesidad de un Dios «exterior» para que el alma se pose dulce y suavemente en el Amado. ¿Quién o qué es el Amado? Pues Aquello que no tiene origen y, como se verá a continuación, está cual Dios «interior» en todo lo originado, incluidos tú y yo, aunque, a partir de ahí, las fronteras entre el tú y el yo se derrumban como castillos de naipes:

Quedeme y olvideme,
el rostro recliné sobre el Amado;
cesó todo, y dejeme
dejando mi cuidado
entre las azucenas olvidado.

. . . .

4

. . . .

La transformación en Dios como fundamento de las aspiraciones y la sapiencia de Juan de Yepes

4.1. El Dios «interior»

En el capítulo precedente se formuló el interrogante de por qué la obra literaria de Juan de la Cruz sufrió una falta de reconocimiento tan prolongada. Y se respondió señalando dos razones principales: la condición de Juan de espíritu libre; y su visión de la divinidad ajena al Dios «exterior» concebido por las religiones, un Dios que tiene poco que ver con la Sabiduría que está en el fundamento de dichas religiones. Habiéndose examinado lo primero, toca abordar lo segundo.

Para ello, comencemos por recordar que son muchas las personas que, de una punta a otra del planeta, se dicen *creyentes* o *no creyentes* y hablan de «creer» o «no creer» en Dios y se posicionan sobre su «existencia». En este marco, los creyentes sí «creen» en dicha «existencia», por lo que suelen profesar un determinado «credo» o religión; mientras que los no creyentes no «creen» en tal «existencia» y no se hacen suya ninguna «fe». En este planteamiento, da la impresión de que ambas posturas (la del creyente y la del no creyente) son rotundamente contrapuestas, pero ¿en verdad es así? Si observamos el asunto con atención, veremos que la respuesta es «no», ya que nos daremos cuenta de que los dos posicionamientos tienen como base común la percepción de un Dios «exterior». Los creyentes creen en la existencia de dicho Dios, los no creyentes no, pero ambos comparten la misma noción de una divinidad separada y alejada del ser humano.

Expuesto lo cual, aflora otra pregunta trascendente: esa pretendida división y esa teórica barrera, que marca una trágica escisión entre Dios y nosotros, ¿es real o solo una ficción mental? A tenor de las enseñanzas de la Sabiduría Primordial, configurada por las aportaciones de los hombres y mujeres que, a lo largo de la historia, han accedido, como Juan de la Cruz, a la Sabiduría de Dios Escondida, lo Real es que entre Dios y cada uno de nosotros no hay ruptura o segregación posible.

El gran místico sufí Al-Hallaj lo explicó así: «Dios es yo soy; y yo soy Dios cuando ceso de ser yo». Este segundo *yo* es el pequeño yo, nuestra apariencia efímera y perecedera, nuestro yo físico, emocional y mental y la personalidad a él asociada. Cuando dejamos de aferrarnos a él, de identificarnos con él, se abre el espacio para que lo que verdaderamente somos, divino e imperecedero, entre en escena y brille con toda su fuerza. Entonces, efectivamente, Dios es yo y yo soy Dios, porque he dejado de creer que soy ese pequeño yo. Culmina, así, la vuelta al Hogar tan gráficamente descrita por la parábola del hijo pródigo.

La jerarquía islámica mandó ejecutar a Al-Hallaj por percibir y compartir esta visión íntima de lo divino, que, entre otras cosas, dice «no» a cualquier necesidad de intermediarios, sean personas o instituciones, entre el ser humano y Dios. Con Juan de la Cruz no se llegó a tanto, pero sí sufrió hostigamiento y desprecio por parte de unas estructuras eclesiásticas empeñadas en mantener a toda costa la idea de un Dios exterior hacia el cual ellas, y solo ellas, sirven de puente. Ante esto, el mensaje de Juan es diáfano y esclarecedor:

- La divinal esencia radica en cada ser humano y en cada forma de vida.
- Existe una íntima conexión de unidad entre cada uno y la divinidad.

- La naturaleza divina radica en todas personas y está pacientemente a la espera de que la pongamos en acción.

4.2. Amada en el Amado transformada

¿Dónde se halla en el ser humano ese Dios que es yo? Juan de la Cruz lo indica con precisión: «El centro del alma es Dios» (*Ll*, 1, 12). Ahí, en el centro del alma, radica el Verbo divino, al que se volverá en la parte final de este texto; ahí mora en plenitud lo que el cristianismo llama Espíritu: «Consérvense irreprochables en todo su ser: Espíritu, alma y cuerpo» (Primera Carta a los Tesalonicenses, 5: 23). El Espíritu es el *Atma* de los orientales o el *Pneuma* de los sabios de la antigua Grecia o de Marco Aurelio. Dicho Espíritu usa el alma individualizada, encarnada en el ser humano, como vehículo e instrumento para sumergirse apropiadamente en el ámbito de la materia. ¿Con qué fin? Pues con la finalidad de experimentar y vivenciar este ámbito de la manera más intensa posible en un contexto de paulatina expansión de la autoconsciencia.

El Espíritu es uno con el Origen primordial, del que Juan nos ofrece pistas muy importantes en su poema titulado *Que bien sé yo la fonte que mana y corre*. En él, por ejemplo, se puede leer: «Su origen [el origen de esta «fonte»] no lo sé, pues no le tiene, mas sé que todo origen della viene». Lo que engarza con uno de los principios fundamentales de la Sabiduría Primordial o

Perenne: el principio de Causa Primera. Parafraseando y desarrollando lo expuesto por Juan de la Cruz, se puede resumir así: Aquello que no tiene origen es causa de todo lo originado y se halla presente e inmanente en ello como Esencia trascendente y fuerza activa y creativa, dando sentido a la Vida en todas sus manifestaciones y en todas sus acciones. Aquello que no tiene origen es, en sí, lo Inmanifestado, y precede a la Creación. La Creación, o conjunto de todo lo creado, es lo Manifestado. Pero lo Manifestado no es algo distinto de Aquello que lo creó, por lo que se puede afirmar que tanto lo Inmanifestado como lo Manifestado son, al unísono, dos estados de Aquello, es decir, del Origen que no tiene origen (o cuyo origen se desconoce). Por lo tanto, Aquello, además de hallarse presente e inmanente en todo lo creado, *es*, intrínsecamente, toda la Creación.

Pero una cosa es hablar de ello intelectualmente y otra fomentar que estas nociones calen en nosotros y promuevan nuestra autotransformación. En este punto, hay que dejar paso a los versos de Juan de la Cruz:

Que bien sé yo la fonte que mana y corre
aunque es de noche.

Aquella eterna fonte está escondida,
que bien sé yo do tiene su manida,
aunque es de noche.

Su origen no lo sé, pues no le tiene,
mas sé que todo origen della viene,
aunque es de noche.

Sé que no puede ser cosa tan bella,
y que cielos y tierra beban della,
aunque es de noche.

Bien sé que suelo en ella no se halla,
y que ninguno puede vadealla,
aunque es de noche.

Su claridad nunca es escurecida,
y sé que toda luz della es venida,
aunque es de noche.

Sé ser tan caudalosas sus corrientes,
que infiernos, cielos riegan, y las gentes,
aunque es de noche.

El corriente que nace desta fuente
bien sé que es tan capaz y tan potente,
aunque es de noche.

El corriente que de estas dos procede
sé que ninguna de ellas le precede,
aunque es de noche.

Aquesta Eterna fuente está escondida
en este vivo pan por darnos vida,
aunque es de noche.

Aquí se está llamando a las criaturas
porque desta agua se harten aunque a oscuras,
aunque es de noche.

Aquesta viva fuente que deseo
en este pan de vida yo la veo,
aunque es de noche.

Esta fuente, este Origen, se encuentra en todo lo Manifestado (u originado) como la presencia inmanente de la divinidad. Esta presencia es una Esencia trascendente que es también una ingente fuerza activa y creativa. El esoterismo cristiano la llama Espíritu Santo. El Espíritu Santo es el Espíritu que, siendo Uno, está en cada uno, igual que ocurre, metafóricamente hablando, con el aire que respiramos, que, siendo uno, se halla, al inspirar, en cada cual.

Y ahí, en esa presencia en nosotros del Espíritu de Dios, encuentra sus raíces y razón de ser el Sendero espiritual y el mismo proceso místico. Este sendero y este proceso son necesarios a causa de un «problema», por así decirlo, que Juan identifica muy bien:

Es de saber que Dios en todas las almas mora secreto y encubierto en la sustancia de ellas, porque, si esto no fuese, no podrían ellas durar. Pero hay diferencia en este morar, y mucha, porque en unas mora solo y en otras no mora solo; en unas mora agradado, y en otras mora desagradado; en unas mora como en su casa, mandándolo y rigiéndolo todo, y en otras mora como extraño en casa ajena, donde no le dejan mandar nada ni hacer nada (*Ll*, 4, 14).

Ciertamente, el Espíritu, nuestro genuino ser, está llamado a tomar las riendas y el mando consciente de nuestra vida y a actuar, incluso, como el Paráclito ('consejero') mencionado en el Evangelio de Juan. Pero que así llegue a ser no depende de la casualidad, sino de un prolongado proceso de desidentificación, descubrimiento y plasmación: por una parte, nos tenemos que ir desidentificando, paulatinamente, de aquello que no somos en realidad, sino solo en apariencia; por otra parte, tenemos que ir descubriendo nuestro verdadero ser y permitir que su presencia se plasme en nosotros y en nuestra vida. Ello requiere avanzar por distintos estados de consciencia. En relación con esto, la mística de todos los tiempos y de todas las escuelas espirituales ha distinguido varias «fases» en el Camino consciencial. Una de las corrientes místicas existentes, por ejemplo, mostró que tras la *adoración de Dios* (actitud pasiva ligada a la llamada Vía Purgativa) o el *hágase Tu Voluntad a través de mí* (actitud interactiva relacionada con la denominada Vía Iluminativa) se accede a la unión con el Creador (la Vía Unitiva).

Por tanto, el proceso místico puede desembocar y plasmarse en la unión con la divinidad, esto es, en la fusión con la Realidad, conforme a lo que enseña la ciencia del Yoga y lo que subrayan los místicos de todos los tiempos y tradiciones con unas palabras que son la manifestación misma de la belleza. Juan de la Cruz, tan sincero él, llama por su nombre a este resultado final: «la transformación en Dios». Así lo declara admirablemente en su escrito a Ana de Peñalosa, fechado en 1584: «El más perfecto grado de perfección a que en esta vida se puede llegar, que es la transformación en Dios». O lo que es lo mismo, la «amada en el Amado transformada», como dice en su poema *Noche oscura*, sobre el que se volverá posteriormente.

La transformación en Dios constituye una vivencia colosal, el colofón de la experiencia humana, y Juan la contempla convencido de que el Espíritu Santo la promueve constantemente: «Esta llama, que es el Espíritu Santo, está hiriendo en el alma» (*Ll*, 1, 19). Pero el papel del alma no es de mera subordinación: «Las virtudes no las puede obrar el alma ni alcanzarlas a solas sin ayuda de Dios, ni tampoco la obra Dios a solas en el alma sin ella» (*CB*, 30, 6). Ahora bien, el alma no está desasistida, sino que recibe cuatro grandes bienes por parte del Espíritu: «La mirada de Dios cuatro bienes hace en el alma, es a saber: limpiarla, agraciarla, enriquecerla y alumbrarla; así como el sol cuando envía sus rayos, que enjuga y calienta y hermosea y resplandece» (*CB*, 33, 1).

Dentro de la última «fase» o Vía Unitiva, algunos místicos (es el caso de san Juan de la Cruz) han podido y sabido diferenciar entre el alma que se ve a sí misma como amante del Amado (Dios) y el alma que ni siquiera es ya amante, sino que se une, desde el Amor, con el Amado y desaparece como tal. ¿Es esto posible? Sí, porque el alma, siendo como es el vehículo que usa el Espíritu para manejarse en la materia, no es inmortal, aunque es cierto que su existencia se despliega a lo largo de eones. Y ha cumplido su función cuando ha culminado su proceso de evolución en autoconsciencia, esto es, cuando se ha llenado completamente la lámpara de aceite referida por Cristo Jesús en el capítulo 25 del Evangelio de Mateo, en la parábola de las diez vírgenes. Llegado este punto, todo el aceite recolectado a lo largo de la cadena de vidas o reencarnaciones es vertido en el Espíritu, en la Consciencia una y pura: el alma, liberada de todo, hasta de ella misma, incluso deja de ser amante para pasar a No-Ser. Es decir, pierde cualquier consciencia de identidad, sea física o espiritual, y se vuelca a través del Amor (Cristo, Hijo) en el Amado (Padre); se fusiona, así, con el Amado mismo. Es la transformación en Dios. Otras maneras de expresarlo son: estar amando al Amado; permitir que Cristo viva en uno (en páginas posteriores nos encontraremos con el «vivo yo, pero no soy yo; es Cristo quien vive en mí» expresado por Pablo de Tarso).

En definitiva, en este estado de fusión no Amo, sino que soy Amor. Se atribuye a Agustín de Hipona la frase «ama y haz lo que quieras», pero Juan de la Cruz, desde el descubrimiento interior y el desalojo, va más allá y ya no aspira a Amar, sino a ser Amor; y, por tanto, desde el no-ser, aspira a ser el Amado.

Resulta, no puede ser de otra manera, que el alma que, a lo largo de su cadena de vidas, encarnó en Juan de Yepes ya había llenado buena parte de la lámpara de aceite antes citada como símil del paulatino avance álmico en autoconsciencia. ¿Cómo se produce este avance? Pues a través de sembrar, en el transcurso de las encarnaciones físicas, obras de alta gama vibratoria. En principio, en cada encarnación sucesiva las sembramos cada vez en mayor número (aunque pueden producirse estancamientos o incluso retrocesos transitorios). Y así como el plano físico es el terreno de la siembra, el plano de luz al que vamos tras desencarnar es el terreno en el que acontece la cosecha. Siguiendo con la metáfora del aceite, podríamos decir que obtenemos una «cosecha de aceite» consciencial tras cada encarnación, y que las cosechas que obtenemos en las sucesivas encarnaciones se van sumando.

Hasta que llega el punto en que la lámpara se ha llenado. Cuando ocurre esto, acontece una gran metamorfosis en el alma encarnada, como la que experimentó el alma de Juan de la Cruz. Esta metamorfosis es la *metanoia* griega, término que se tradujo como el vocablo latino que significa 'conversión' e, incluso, como el vocablo que significa 'arrepentimiento', al efectuarse la traducción al latín de los evangelios.

Esta peculiar metamorfosis entronca directamente con el «nacer de nuevo» del que habló Cristo Jesús en el diálogo con Nicodemo que recoge el Evangelio de Juan (3: 3-11).

4.3. Nacer de nuevo

Dicen los versículos en los que se expone el diálogo que se acaba de mencionar:

«Te aseguro que el que no renace de lo alto no puede ver el Reino de Dios». Nicodemo le preguntó: «¿Cómo un hombre puede nacer cuando ya es viejo? ¿Acaso puede entrar por segunda vez en el seno de su madre y volver a nacer?». Jesús le respondió: «Te aseguro que el que no nace del agua y del Espíritu no puede entrar en el Reino de Dios. Lo que nace de la carne es carne, lo que nace del Espíritu es espíritu. No te extrañes de que te haya dicho: hay que nacer de nuevo... El viento sopla donde quiere: tú oyes su voz, pero no sabes de dónde viene ni adónde va. Lo mismo sucede con todo el que ha nacido del Espíritu». «¿Cómo es posible todo esto?», le volvió a preguntar Nicodemo. Jesús le respondió: «¿Tú, que eres maestro en Israel, no sabes estas cosas? Te aseguro que nosotros hablamos de lo que sabemos y damos testimonio de lo que hemos visto, pero ustedes no aceptan nuestro testimonio».

Transformación en Dios... Nacer de nuevo... Morir a una forma de vida basada en el pequeño yo, con todo lo que esto conlleva (egotismo, egocentrismo, materialismo, deshumanización, especismo, desnaturalización, etcétera) y resucitar en vida, es decir, nacer a otra manera de vivir, coherente y consistente con la propia naturaleza divina.

Esto nos sitúa ante la necesidad de elegir, en libre albedrío y con mayor o menor consciencia al respecto, entre los posibles modos de vida que Juan de la Cruz mostró: la existencia carnal y la espiritual. Y dentro de esta, caben otras dos:

Acerca de lo espiritual, dos maneras hay de vida: una es beatífica, que consiste en ver a Dios; y esta se ha de alcanzar por muerte corporal y natural... La otra es vida espiritual perfecta, que es posesión de Dios por unión de amor; y esta se alcanza por la mortificación de todos los vicios y apetitos (*Ll*, 2, 32).

Y en el arranque de su *Cántico espiritual*, nos ilustra con exquisitez acerca del Camino a recorrer al respecto:

¿Adónde te escondiste,
Amado, y me dejaste con gemido?
Como el ciervo huiste
habiéndome herido;
salí tras ti clamando y eras ido.

Pastores, los que fueres
allá por las majadas al otero,
si por ventura vieres
aquel que yo más quiero,
decidle que adolezco, peno y muero.

Buscando mis amores
iré por esos montes y riberas;
no cogeré las flores,
ni temeré a las fieras,
y pasaré los fuertes y fronteras.

¡Oh bosques y espesuras
plantadas por la mano del Amado!,
¡oh prado de verduras
de flores esmaltado!,
decid si por vosotros ha pasado.

Aquí Juan de la Cruz nos habla del proceso de búsqueda de fusión con lo divino («buscando mis amores iré por esos montes y riberas»), en el que no conviene dejarse atrapar por los deleites espirituales ni las experiencias conscienciales («no cogeré las flores») ni por el mundo y sus bienes y placeres materiales («ni temeré a las fieras»), ni por las tentaciones y astucias del demonio («y pasaré los fuertes»), ni por las rebeliones de la carne («y fronteras»). De esta manera se llega a alcanzar un estado de consciencia que permite ver a Dios en todas las cosas («¡Oh bosques y espesuras plantadas por la mano del Amado!») como estadio previo a ver todas las cosas desde Dios.

5

La meditación o alta contemplación

5.1. La mente meditativa

Las vivencias y el discernimiento que abren a san Juan de la Cruz las puertas de la transformación en Dios, en el sentido y con los contenidos analizados en el capítulo anterior, tienen una relación de vasos comunicantes con sus experiencias meditativas, que a menudo denomina «alta contemplación». Es más, se puede afirmar que lo primero (esas vivencias y ese discernimiento), lejos de ser casuales, tienen su pilar en lo segundo (sus experiencias meditativas).

A la par, estas experiencias meditativas, que son la materia del presente capítulo, tampoco son fruto del

91

azar, sino que derivan de la cadena de vidas que la gran alma encarnada en Juan de Yepes ya había protagonizado en encarnaciones anteriores en este plano físico. Porque, como ahora se insistirá, la Meditación no es algo que ocurra porque sí, como tanta gente piensa todavía. Y el grado máximo de la misma (el *Samadhi*, según la terminología oriental; el Éxtasis, dentro de la terminología cristiana) no sobreviene por casualidad: para poder tener esta experiencia, la persona ha tenido que «educar» lo bastante la mente como para motivar la desaparición de la autopresencia que la caracteriza, pues solo así es posible contemplar la Realidad.

En lo relativo a esto último, conviene recordar que Vyasa, el gran sabio hindú, en sus comentarios a los *Yoga sutras* de Patanjali, describe las cinco grandes tendencias o tipologías de mente que pueden darse en el ser humano, a veces no de manera pura, sino entremezcladas. En cualquier caso, cada persona nace con un tipo de mente como consecuencia de las vidas y prácticas desarrolladas en encarnaciones anteriores; y ningún estado de mente es permanente, sino que se puede evolucionar de uno a otro tipo mediante la educación del ámbito mental:

- **Mente adormecida**: perezosa, olvidadiza, negligente, tendente a la inactividad, sin capacidad para pensamientos nítidos y determinados, con escasa capacidad de razonamiento y reflexión, sin claridad ni vigor mental.

- **Mente distraída:** errabunda, dispersa, sin asiento fijo, fácilmente arrastrada hacia las cosas externas, extremadamente inestable y con tendencia a buscar la continua excitación de los sentidos.
- **Mente inquieta:** ocasionalmente estable y esporádicamente centrada, pero incompetente para sostener estos estados, lo que hace que, principalmente, sea mutable y esté alterada.
- **Mente concentrada:** educada para dejar atrás los estadios precedentes y con capacidad de atención y concentración; es capaz de fijar en el espacio mental, sin que interfieran otros pensamientos, aquello que constituye el foco de atención o el objeto de concentración elegido.
- **Mente meditativa:** tan equilibrada y firme que es como si no estuviera, como unas gafas bien limpias y en perfecto estado de uso; permite que la Consciencia, atributo de la Esencia, adquiera el protagonismo en la relación con la vida diaria, lo cual hace que podamos contemplar la Realidad sin efectuar interpretaciones mentales.

¿Cómo era la mente de Juan de la Cruz dentro de esta tipología? A partir de su obra y lo que sabemos de su vida podemos concluir que se encontraba a caballo entre la concentrada y la meditativa ya al principio de esa encarnación física. Por supuesto, su mente partió de ese grado de desarrollo gracias al cultivo de que había sido objeto en encarnaciones previas. Desde ahí, Juan de la Cruz fue consolidando cada vez más la mente meditativa, hasta que quedó configurada de forma verdaderamente excepcional, lo cual le permitió alcanzar las vivencias de Meditación o Alta Contemplación que se exponen en este capítulo.

Ahora bien, este tipo de vivencias «no lo son todo». Con frecuencia, se quedan en meras experiencias para quienes las disfrutan; estas experiencias pueden incluso ser muy significativas, pero no conducen a nada más. No fue así en el caso de Juan de la Cruz, debido a que gozaba, también, de un estado consciencial y espiritual lo suficientemente avanzado. Gracias a ello, esas vivencias impulsaron en él una genuina autotransformación que le posibilitó sacar lo mejor de sí mismo y ponerlo al servicio de los demás y de la Vida.

5.2. El subido sentir de la divinal esencia

En Occidente, la meditación se ha mantenido secularmente en el ostracismo, reducida, en su teoría y en su práctica, a círculos místicos muy minoritarios. En relación con ella descuellan obras como *La Nube del No Saber*, ya mencionada, y la *Guía espiritual* de Miguel de Molinos, en la que se habla del «quietismo»; también hay que tomar en consideración, obviamente, las experiencias directas como las vividas y compartidas por santa Teresa de Jesús y, por supuesto, san Juan de la Cruz.

Sin embargo, actualmente, hablar de meditación se ha convertido casi en una moda, una más de las que tanto abundan en la vigente sociedad de consumo y entretenimiento. Desde luego, es preferible esto a la relegación. Pero el hecho de que esté de moda no significa que no persista un enorme desconocimiento sobre lo que significa y cómo llevarla a cabo. Muchos consideran que la práctica de la meditación consiste en sentarse un rato en silencio enfocando más o menos la atención en algo con el fin de aquietar un poco la mente y, con suerte, liberar algo de estrés; pero esta visión supone una minusvaloración tremenda de lo que es la práctica de la meditación y su fin último.

Como se apuntaba antes, la Meditación (*Samyama* en el lenguaje sánscrito del Yoga) es un proceso de paulatina educación de la mente que culmina en la desaparición de la autopresencia de esta, es decir, en el *Samadhi* oriental, el Éxtasis místico. Llegado este punto, la mente está, pero es como si no estuviera (recuérdese el ejemplo de las gafas perfectamente limpias), y la Consciencia brilla en todo su esplendor. Esta consecución propicia la conexión pura con la Realidad, sin tergiversaciones mentales: se diluyen las fronteras entre sujeto y objeto, entre el observador y lo observado; a partir de ahí se contempla la Vida, en todos sus planos de manifestación, desde la Consciencia, que se ha hecho Una con la Vida. Ha acontecido la fusión con la Realidad.

En el contexto de esta obra no es pertinente que nos detengamos a analizar las fases y características de la Meditación, pero una exposición muy somera puede ayudar al lector a entender la experiencia de san Juan de la Cruz. Por ello será conveniente decir que la Meditación cuenta con ocho grandes etapas, agrupadas en tres grandes categorías experienciales (encontrarás un análisis detallado al respecto en el libro *El Yoga: lo que realmente es y cómo practicarlo*, que escribí en coautoría con Lola Rumi).

I. Prácticas de preparación para la meditación:

1. Prácticas básicas y hábitos (vida sencilla, sin estrés, alegre...).
2. Práctica del aquí-ahora.
3. Práctica del silencio.
4. Práctica de la atención (básica y plena).

II. Meditación:

5. Concentración (*Dharana*) (fugaz y sostenida).
6. Contemplación (*Dhyana*).
7. Fusión con la Realidad (*Samadhi*) (con semilla y sin semilla).

III. La transformación de la vida diaria:

8. Nacer de nuevo, transformación en Dios.

Los *Yoga sutras* de Patanjali abordan especialmente tres de estas grandes etapas en el proceso de *Samyama*: *Dharana*, *Dhyana* y *Samadhi*. Pueden verse como tres grados diferentes en esa búsqueda interior que es la Meditación, del mismo modo que el hielo, el agua y el vapor representan los tres estados diferentes del oxidano (H_2O): el hielo (el estado sólido) se transforma en agua (el estado líquido) cuando la temperatura sobrepasa los cero grados; y el agua se transforma en vapor (el estado gaseoso) cuando sobrepasa los cien grados. Igualmente, cuando se alcanza cierta intensidad en la concentración, aparece la contemplación; y cuando la contemplación alcanza su perfección, su máxima intensidad, bascula hacia *Samadhi*.

Es imprescindible pasar por las tres etapas, y en el orden indicado, para practicar la auténtica Meditación. No hay atajos. Por ello, aunque bastantes personas afirman que meditan o quieren hacerlo, pocas están en situación de lograrlo. Esto explica que, pasado un tiempo, muchos abandonen la práctica, sintiéndose frustrados e interpretando su incapacidad en clave de «yo no sirvo para esto»; también están los que se limitan a practicar con el único objetivo de sentirse mejor, lo cual nada tiene que ver con *Samyama*, como se apunta en el texto general.

> Además, y previamente a recorrer las tres etapas recogidas en los *Yoga sutras*, es preciso que la persona se prepare por medio de implicarse con la serie de prácticas enunciadas arriba, en el punto I, relacionadas con los hábitos de vida, el aquí-ahora, el silencio y la atención.

Cuando alguien llega a vivir la Meditación en toda su completud, hasta gozar del Éxtasis o *Samadhi*, ¿es factible que comparta con los demás lo que esto conlleva? Los maestros y maestras han coincidido en señalar lo inasequible de tal menester: no, no se puede compartir con palabras y descripciones la totalidad de la experiencia. ¿Y, al menos, una parte de la misma? Es muy difícil, nos indican, pero no imposible. En relación con ello, vuelve a tomar protagonismo la «singularidad» de Juan de la Cruz subrayada páginas atrás. En el campo concreto de la Meditación, esta «singularidad» le hace sobresalir con una luz, una nitidez y una frescura inmejorables, pues logra acercar a la humanidad, aunque sea parcialmente, los contenidos y vivencias que la culminación de *Samyama* trae consigo.

Desde su amor al Silencio y llevando al extremo los recursos lingüísticos y poéticos y el uso de los símbolos, Juan nos eleva a la honda comprensión de lo que podemos calificar como «núcleo duro» del proceso meditativo: «Cuanto más alto llegaba [...] tanto más bajo y rendido y abatido me hallaba [...] Abatime tanto, tanto, que fui tan alto tan alto, que le di a la caza alcance». He aquí el texto completo del poema *Tras de un amoroso lance*:

Tras de un amoroso lance,
y no de esperanza falto,
volé tan alto, tan alto,
que le di a la caza alcance.

Para que yo alcance diese
a aqueste lance divino,
tanto volar me convino,
que de vista me perdiese;
y con todo en este trance
en el vuelo quedé falto;
mas el amor fue tan alto,
que le di a la caza alcance.

Cuanto más alto subía,
deslumbróseme la vista,
y la más fuerte conquista
en oscuro se hacía;
mas por ser de amor el lance
di un ciego y oscuro salto,
y fui tan alto, tan alto,
que le di a la caza alcance.

Cuanto más alto llegaba
de este lance tan subido,
tanto más bajo y rendido
y abatido me hallaba;
dije: «No habrá quien alcance»
y abatime tanto, tanto,
que fui tan alto, tan alto,
que le di a la caza alcance.

Por una extraña manera
mil vuelos pasé de un vuelo,
porque esperanza del cielo
tanto alcanza cuanto espera;
esperé solo este lance,
y en esperar no fui falto,
pues fui tan alto, tan alto,
que le di a la caza alcance.

¿Qué obtiene uno al dar alcance a la «caza»? En otro magnífico poema, Juan de la Cruz nos invita a comprobar de manera directa que quien sabe se queda no sabiendo; y que este «no saber sabiendo», llave maestra ante la que todas las cerraduras y puertas se abren, «de la divinal esencia es obra». La persona se queda «no entendiendo», «toda ciencia trascendiendo» (*Coplas del mismo, hechas sobre un éxtasis de alta contemplación*):

Entreme donde no supe
y quedeme no sabiendo,
toda ciencia trascendiendo.

Yo no supe dónde entraba,
pero, cuando allí me vi,
sin saber dónde me estaba,
grandes cosas entendí;
no diré lo que sentí
que me quedé no sabiendo,
toda ciencia trascendiendo.

De paz y de piedad
era la ciencia perfecta,
en profunda soledad
entendida vía recta;
era cosa tan secreta,
que me quedé balbuciendo,
toda ciencia trascendiendo.

Estaba tan embebido,
tan absorto y ajenado
que se quedó mi sentido
de todo sentir privado;
y el espíritu dotado
de un entender no entendiendo,
toda ciencia trascendiendo.

El que allí llega de vero,
de sí mismo desfallece;
cuanto sabía primero
mucho bajo le parece;
y su ciencia tanto crece
que se queda no sabiendo,
toda ciencia trascendiendo.

Cuanto más alto se sube,
tanto menos se entendía
que es la tenebrosa nube
que a la noche esclarecía;
por eso quien la sabía
queda siempre no sabiendo,
toda ciencia trascendiendo.

Este saber no sabiendo
es de tan alto poder,
que los sabios arguyendo
jamás le pueden vencer;
que no llega su saber
a no entender entendiendo,
toda ciencia trascendiendo.

Y es de tan alta excelencia
aqueste sumo saber,
que no hay facultad ni ciencia
que le puedan emprender;

quien se supiere vencer
con un no saber sabiendo,
toda ciencia trascendiendo.

Y si lo queréis oír,
consiste esta suma ciencia
en un subido sentir
de la divinal Esencia;
es obra de su clemencia
hacer quedar no entendiendo,
toda ciencia trascendiendo.

Merece la pena detenerse en el inicio de esta última estrofa: «Y si lo queréis oír». Evidencia un cierto cansancio ante lo que, con seguridad, Juan de Yepes vivió demasiadas veces: el acercamiento de gente con tantos deseos de experiencias trascendentes como nula disposición hacia la práctica diaria que las hace factibles. Y así, casi como un aviso a navegantes, nos descubre esa Sabiduría que va más allá de cualquier noción intelectual, por lo que de nada vale pretender asirla con la memoria, y que consiste «en un subido sentir de la divinal Esencia».

En otro poema, Juan de la Cruz se refiere de otra manera a la «divinal esencia»: en una imagen exquisitamente evocadora, habla de la «llama de amor viva», la cual, morando en el más profundo centro del alma, en un momento dado, en absoluto casual, deja de ser esquiva y propicia el dulce encuentro. El poema *Llama de amor viva* lo relata de manera precisa y primorosa:

¡Oh llama de amor viva,
que tiernamente hieres
de mi alma en el más profundo centro!
Pues ya no eres esquiva,
acaba ya si quieres;
rompe la tela de este dulce encuentro.

¡Oh cauterio suave!
¡Oh regalada llaga!
¡Oh mano blanda! ¡Oh toque delicado,
que a vida eterna sabe
y toda deuda paga!,
matando muerte en vida la has trocado.

¡Oh lámparas de fuego
en cuyos resplandores
las profundas cavernas del sentido
que estaba oscuro y ciego
con extraños primores
calor y luz dan junto a su querido!

¡Cuán manso y amoroso
recuerdas en mi seno
donde secretamente solo moras
y en tu aspirar sabroso

de bien y gloria lleno
cuán delicadamente me enamoras!

5.3. El laberinto: *labor-into*

Pero como se comentó en el arranque de este capítulo, la vivencia de la Meditación no debe quedarse en el ámbito de la experiencia, sino que ha de volcarse hacia una autotransformación que cristaliza en la «transformación en Dios», en el «nacer de nuevo» proclamado por Cristo Jesús.

Para lograr este vínculo trascendente entre Meditación y Transformación, el ser humano ha de avanzar, paso a paso, por el Sendero descrito simbólicamente en la antigüedad como el Laberinto (palabra formada a partir de *labor into*, 'trabajo interior'). Si no se acomete esta empresa, el citado vínculo es una quimera y el «meditador» queda atrapado en las arenas movedizas del apego a la experiencia. Esto, lejos de ayudarle a sacar lo mejor de sí mismo, suele conducirlo al egocentrismo, al aislamiento respecto de la vida que lo rodea y, finalmente, a una indiferencia que se sitúa en las antípodas del Amor y la compasión.

Juan de la Cruz sí que avanzó admirablemente por el Laberinto, gracias a lo cual disfrutó del vínculo expresado y, por ende, de una intensa autotransformación. Y en el discurrir por el Laberinto, contó con cinco factores de impulso fundamentales:

- Las noches oscuras: la cruz.
- La acción consciente: la compasión.
- La reverencia por la Vida: el gozo.
- La amistad con Teresa de Jesús: la afinidad álmica.
- Cristo: la piedra filosofal… «si le dais posada».

Los cuatro primeros se examinan, uno a uno, en el capítulo que viene a continuación. Y, por su trascendencia, se deja para el siguiente, el séptimo, el trato monotemático del papel de Cristo y lo crístico en el Sendero espiritual de Juan.

6

Los factores que impulsaron a Juan de Yepes en su avance por el Sendero espiritual

6.1. Las noches oscuras: la cruz

Como quedó claro en el capítulo tercero, Juan de Yepes, en el transcurso de su vida, experimentó en primera persona las noches oscuras. Y las asumió e integró desde el discernimiento de que desempeñan un papel trascendente como factor de impulso del trabajo interior y el desarrollo consciencial. Así, Juan se sumó a los muchos sabios y sabias que, a lo largo de la historia, han mostrado que el sufrimiento es inherente al proceso consciencial del ser humano: enunciado coloquialmente, es una especie de bastón en el que nos apoyamos (o de bastión en el que nos fortalecemos) para avanzar en el descubrimiento interior y en el camino de retorno al Hogar (como el hijo pródigo de la parábola).

No tendría que ser así. No hay ninguna razón, obligación o predeterminación según la cual el sufrimiento sea necesario para el proceso consciencial. La Creación está regida por un orden natural al que Agustín de Hipona denominó *ordo amoris*, es decir, 'ordenación que viene del Amor'. Esta ordenación está llamada a crear más Amor. A partir de ello Agustín de Hipona definió, en *La ciudad de Dios*, la virtud en términos de esa ordenación: amar lo que debe ser amado. ¿Qué papel tiene aquí el sufrimiento? Ninguno. No es en modo alguno una pauta o patrón del orden natural de la Creación.

Sin embargo, la tozuda realidad muestra con contundencia que, en el libre albedrío del que disponemos cuando estamos encarnados en el plano humano, las experiencias de sufrimiento son las que más promueven la toma de consciencia y la evolución espiritual. Esto es así a causa de los removimientos (que a veces, por su intensidad, son auténticos movimientos sísmicos) que nos inducen a experimentar. Estos removimientos y terremotos (que experimentamos en el ámbito físico, el emocional o el mental, cuando no en todos a la vez) tienen la virtud de sacarnos de la zona de confort. Atentan directamente contra el apego al confort material, el aferramiento al acomodaticio «sentirse bien», la distracción estéril y el entretenimiento lelo. A partir de ahí, nos hacemos preguntas que antes nunca nos habríamos formulado, nos interesamos por asuntos y temas que antes nunca nos habrían atraído, nos acercamos a personas a las que antes nunca nos habríamos aproximado, vemos vídeos y películas que antes nunca nos habrían gustado, leemos libros que, por su contenido, antes nunca nos habrían interesado, etcétera. El poeta y cantautor cubano Silvio Rodríguez lo sintetizó hermosa y certeramente en su canción *El elegido*; en ella nos recuerda que aquí, en la Tierra, en nuestra vida, «lo más terrible se aprende enseguida y lo hermoso nos cuesta la vida». Y este aprendizaje es una oportunidad de autotransformación, de metamorfosis, al propiciar la mutación de nuestra visión del mundo, de la vida y de la muerte, de nosotros mismos y de nuestra auténtica naturaleza.

Por ello, las experiencias terribles hay que vivirlas desde la aceptación (la cual, como se expondrá de inmediato, es fruto de la confianza en la Vida) y teniendo presente la moraleja que enseñan los cuentos infantiles por medio de la figura del sapo: si en lugar de rechazarlo y huir de él te acercas y lo besas, se convierte en un príncipe o en una princesa, es decir, en un regalo, en una bendición de la vida. La espiritualidad oriental va incluso más allá y ve en la profunda comprensión del sufrimiento la llave del Nirvana.

Juan de la Cruz lo entendió perfectamente; por eso nos presenta la noche como espoleta y adalid en el proceso consciencial, y como anuncio del amanecer. De hecho, cuando empezó a mostrarse más creativo en el campo de la poesía fue en 1578, durante su encarcelamiento: en ese contexto creó las treinta y una primeras estrofas del *Cántico espiritual* (en la versión conocida como *protocántico*), varios romances y el poema de la fonte; y los cantó en su estrecha reclusión para consolarse y afianzarse en lo congruente y adecuado de sus posicionamientos en pro de la reforma carmelita.

Pero es en el poema *Noche oscura* donde Juan de la Cruz dejó un testimonio inigualable, por su profundidad y belleza, del poder transformador del sufrimiento, del que la noche es metáfora: «¡Oh noche que guiaste! ¡Oh noche amable [en el sentido de «digna de ser amada»] más que la alborada! ¡Oh noche que juntaste Amado con amada, amada en el Amado transformada!». Merece la pena deleitarse con todos sus versos:

En una noche oscura,

con ansias en amores inflamada

¡oh dichosa ventura!

salí sin ser notada,

estando ya mi casa sosegada.

A oscuras y segura,
por la secreta escala, disfrazada,
¡oh dichosa ventura!
a oscuras y en celada,
estando ya mi casa sosegada.

En la noche dichosa,
en secreto, que nadie me veía,
ni yo miraba cosa,
sin otra luz y guía
sino la que en el corazón ardía.

Aquesta me guiaba
más cierto que la luz del mediodía
a donde me esperaba
quien yo bien me sabía,
en parte donde nadie parecía.

¡Oh noche que guiaste!
¡Oh noche amable más que la alborada!
¡Oh noche que juntaste
Amado con amada,
amada en el Amado transformada!

En mi pecho florido,
que entero para él solo se guardaba,
allí quedó dormido,

y yo le regalaba,
y el ventalle de cedros aire daba.

El aire de la almena,
cuando yo sus cabellos esparcía,
con su mano serena
en mi cuello hería,
y todos mis sentidos suspendía.

Quedeme y olvideme,
el rostro recliné sobre el Amado;
cesó todo, y dejeme,
dejando mi cuidado
entre las azucenas olvidado.

Todo ello constituye, por otra parte, un clamoroso toque de atención para esas almas que quieren pasar su encarnación en la vida física sin experimentar sobresaltos ni conmociones, en el hábitat de confort antes reseñado, en un contexto cómodo, apacible y autocomplaciente del que poco o ningún jugo van a poder extraer en lo relativo a la expansión de la consciencia.

De ahí que en Apocalipsis, 3: 16 se lance esta seria advertencia: «A los tibios los vomitaré de mi boca». De ahí, igualmente, la simbología de la cruz cristiana, que denota magistralmente la trascendente función de la noche para el avance en el Sendero espiritual. Y de ahí que Cristo Jesús diga: «Toma tu cruz y sígueme». Exactamente, estas fueron sus potentes palabras:

> El que quiera venir detrás de mí, que renuncie a sí mismo, que cargue con su cruz y me siga. Porque el que quiera salvar su vida, la perderá; y el que pierda su vida a causa de mí, la encontrará. ¿De qué le servirá al hombre ganar el mundo entero si pierde su vida? ¿Y qué podrá dar el hombre a cambio de su vida? (Evangelio de Mateo, 16: 24-26).

6.2. La acción consciente: la compasión

Como ya se ha indicado, Juan de Yepes manifestó una clara preferencia por la vía contemplativa en su devenir espiritual. Y dedica esta reflexión a los que quedan atrapados en una excesiva actividad:

> Adviertan, pues, aquí los que son muy activos, que piensan ceñir al mundo con sus predicaciones y obras exteriores, que mucho más provecho harían a la Iglesia y mucho más agradarían a Dios, dejado aparte el buen ejemplo que de sí darían, si gastasen siquiera la mitad de ese tiempo en estarse con Dios en oración (*CB*, 29, 3).

La disyuntiva entre actividad y meditación (contemplación, oración...) es muy tratada en la esfera de la consciencia. Es especialmente paradigmático el episodio de la visita de Cristo Jesús a casa de Lázaro, Marta y María (María Magdalena, en la tradición medieval católica), que es crucial en el despliegue narrativo de *La Nube del No Saber*:

> Mientras iban caminando, Jesús entró en un pueblo, y una mujer que se llamaba Marta lo recibió en su casa. Tenía una hermana llamada María, que sentada a los pies del Señor, escuchaba su Palabra. Marta, que estaba muy ocupada con los quehaceres de la casa, dijo a Jesús: «Señor, ¿no te importa que mi hermana me deje sola con todo el trabajo? Dile que me ayude». Pero Jesús le respondió: «Marta, Marta, te inquietas y te agitas por muchas cosas. Sin embargo, una sola es necesaria. María eligió la mejor parte, que no le será quitada» (Evangelio de Lucas, 10: 38-42).

¿Qué se nos transmite con esto?

Por un lado, que en el Sendero espiritual debe ser prioritaria la práctica meditativa. Esta, desde el silencio y la introspección, facilita el «subido sentir de la divinal esencia» (en palabras de san Juan de la Cruz). La experiencia de la «divinal esencia» facilita que la actividad (nuestro movimiento por la vida) permanezca en estrecha conexión con la quietud que atesoramos en la intimidad de nuestro ser y sea su resplandor. Si no está presente esta conexión, la actividad se convierte en un torbellino incesante que nos mantiene atrapados en lo meramente mundano y material.

Otra cuestión importante que se desprende de lo acontecido en la visita de Cristo Jesús es que ambas cosas, la meditación y la acción, tienen su momento y debemos estar atentos para darnos cuenta de qué es lo que corresponde hacer en el aquí-ahora. Sin menoscabo de proporcionarle la lógica hospitalidad a Jesús, lo realmente significativo era saborear su presencia, compartir con él, aprender de su maestría... Ya habría lugar para la actividad, pero lo que en ese momento tocaba era disfrutar de ese encuentro desde el sosiego, la paz y la conexión espiritual.

Este aspecto está muy ligado al célebre «amarás a tu prójimo como a ti mismo» (Evangelio de Marcos, 12: 31) resaltado por Jesús. Obviamente este mensaje, máxime viniendo de quien viene, no se lanza en pro del egoísmo o el egotismo. Porque el uno mismo al que se nos impele amar no es nuestra apariencia (el pequeño yo) sino nuestra Esencia (nuestro Yo Superior): amarnos significa percatarnos de su existencia en nosotros y ponerla en valor viviendo nuestra cotidianidad, de instante en instante, en coherencia con ella y desde ella. Y no hace falta ser un lingüista experto para darse cuenta de que la frase de Cristo Jesús implica que si no te amas a ti mismo, en el sentido que se acaba de explicar, tampoco amarás al prójimo, aunque puedas pensar que lo estás haciendo: si no te amas a ti mismo, ¿qué amor le estás ofreciendo al prójimo? ¿Qué le puedes dar al otro?: ¿tu egocentrismo, tus carencias, tu inconsciencia...?

El amor a uno mismo está unido, por tanto, al descubrimiento de la Esencia divina en el propio interior y, por ende, a la práctica meditativa que conduce a efectuar tal descubrimiento. Como se ha insistido en el capítulo previo, la meditación que no esté encaminada a este resultado no es tal, sino un pobre sucedáneo que suele tener su origen en un incentivo egoico y suele llevar al aislamiento y la indiferencia, cuando no a la soberbia y el orgullo. La meditación bien entendida conduce a la autotransformación y al verdadero amor al prójimo, el cual implica una actividad coherente con este amor.

Las dos cosas, lo interior y lo exterior, tienen su sitio en la vida; y deben desplegarse en equilibrio, sabiendo que la base está en la introspección y utilizando esta como soporte y sostén de la acción externa que hay que desplegar. El propio Cristo Jesús fue un espléndido ejemplo al respecto: diversos pasajes de los evangelios muestran la relevancia que tuvo en su vida la práctica meditativa; pero también son muchos los que evidencian una vida pública muy intensa, llena de viajes, obras amorosas, encuentros y discursos primorosos...

Y este es el modelo que hace suyo Juan de la Cruz. Así lo expresó: «El camino de buscar a Dios es ir obrando en Dios el bien» (*CB*, 3, 4). Y lo estampó en su vida con una intensa práctica contemplativa desde la que desarrolló una actividad múltiple y poderosa: sus escritos, su labor de dirección espiritual a otros carmelitas y de formación de personas iletradas, la vida en comunidad, los trabajos manuales de construcción y limpieza… Y, por supuesto, sus continuos viajes, siempre con objetivos conscienciales: los veintisiete mil kilómetros que recorrió (según la estimación manifestada en el capítulo 2) son incluso algunos más que los veintiséis mil kilómetros, casi todos a pie, que se estima recorrió Teresa de Jesús en lo que fue su vida pública tras cuarenta años de vida interior.

Siddhartha Gautama (el Buda) bautizó como *acción correcta* a esta actividad exterior (amor al prójimo) enraizada en la meditación y el descubrimiento interior (amor a uno mismo) y en la compasión que brota de *Samyama* cuando esta se practica de verdad. Y la Sabiduría Primordial o Perenne la denomina *acción consciente*, la base de la cual es la Tríada Perfecta:

- **La confianza en la Vida**. Dicha confianza implica varias cosas: reverencia hacia la Vida (este aspecto se comentará en el próximo apartado); la toma de consciencia de que las casualidades no existen, sino que lo que hay son *causalidades*; y que todo tiene su sentido profundo, su porqué y para qué, en clave del impulso de nuestro proceso consciencial y espiritual personal y colectivo.
- **La aceptación**. Al hilo de lo esbozado en páginas anteriores, *aceptación* no es lo mismo que *resignación* (ni que *impotencia*, ni que encogerse de hombros diciendo que no podemos hacer

nada ante lo indeseable que acontece), sino el fruto natural de la confianza en la Vida: confío, ergo acepto... Se trata de aceptar todo y a todos, desde la ternura y la comprensión. Debemos ser plenamente conscientes de que en la Creación conviven y evolucionan múltiples dinámicas conscienciales (ante lo cual no somos quién, nadie, para poner ninguna objeción); ello da lugar a una colosal diversidad en lo Manifestado, la cual no deja de constituir en ningún momento una expresión de la Unicidad. Indicó Juan de la Cruz en relación con la respetable diversidad: «Así como cada uno posee diferentemente sus dones, así cada uno canta su alabanza diferentemente» (*CB*, 14-15, 26).

- **El no juicio, que es el lógico corolario de la confianza y la aceptación.** El no juicio tiene el Amor como basamento. De hecho, cuando el Amor cristaliza en nosotros, dejamos de albergar una perspectiva basada en la dualidad: ya no vemos «buenos» y «malos»; ya no hay cosas que nos parezcan «mal» mientras que otras nos parecen «bien»; ya no estamos «de acuerdo» con ciertas cuestiones mientras que estamos «en desacuerdo» con otras. Ya no está presente el pequeño yo que, convertido en magistrado, juzga constantemente la vida (la propia, la de los demás, la del mundo...). Terminó, igualmente, la egoica tendencia a querer hacer «mejor» («bueno») al otro. Y se alcanza la completa comprensión de que, como indicó Buda, el dolor del mundo lo genera el deseo personal «de estar contento». De este modo ilustró todo ello Juan de Yepes:

Que esta es la bajeza de esta nuestra condición de vida, que, como nosotros estamos, pensamos que están los otros, y como somos, juzgamos a los demás, saliendo el juicio y comenzando de nosotros mismos y no de fuera. Y así, el ladrón piensa que los otros también hurtan; y el lujurioso piensa que los otros lo son; y el malicioso, que los otros son maliciosos, saliendo aquel juicio de su malicia; y el bueno piensa bien de los demás, saliendo aquel juicio de la bondad que él tiene en sí concebida; el que es descuidado y dormido, parécele que los otros lo son. Y de aquí es que, cuando nosotros estamos descuidados y dormidos delante de Dios, nos parezca que Dios es el que está dormido y descuidado de nosotros. (*Ll*, 4, 8).

Para cerrar el presente apartado insistiré en la observación de que esta Tríada Perfecta, cuya comprensión y ejercitación beben del amor a uno mismo, no lleva a la inacción ni a la indiferencia. Tampoco conduce a justificar el sufrimiento que otros, desde su egocentrismo, puedan ocasionar a seres sintientes. Al contrario: conduce, desde el Amor y la compasión, a la acción consciente que san Juan de la Cruz manifestó impecablemente en su vida.

6.3. La reverencia por la Vida: el gozo

La experiencia de Dios, si es verdadera, comporta necesariamente la *reverencia por la Vida*, expresión acuñada por Albert Schweitzer,[*] que la enarboló como principio fundamental de una ética viable y sostenible.

De hecho, la percepción de Aquello que no tiene origen y es origen de todo lo originado abre las puertas a la contemplación directa de la Unicidad de cuanto es y existe. Este es otro de los principios centrales de la Sabiduría Perenne, que así lo enuncia: el Todo es suma de partes y forma parte de una suma superior, aunque cada parte es, a su vez, el Todo. Y la Unicidad no es uniformidad, sino que se desenvuelve en una colosal diversidad. Al mismo tiempo, cada componente de la diversidad (cada modalidad o forma de vida) permanece y se integra en la Unicidad.

La toma de consciencia de lo precedente desemboca de forma natural en la reverencia por la Vida a la que nos estamos refiriendo, sobre la que Schweitzer escribió lo siguiente en *Reverence for Live*:

---

[*] Albert Schweitzer fue un gran filósofo, teólogo, escritor, pacifista, misionero, médico y músico francoalemán, galardonado con el Premio Nobel de la Paz en 1952.

Respetar la inmensidad sin fin de la Vida [...] Respetar todo lo que vive [...] Sentir compasión hacia todo lo que vive: he aquí donde radica el principio y fundamento de toda ética. Quien un día haya realizado esta experiencia, no dejará de repetirla, quien haya tenido esa toma de consciencia una vez, ya no podrá ignorarla jamás. Este es un ser moral que lleva en su interior el fundamento de su ética, porque la ha adquirido por propio convencimiento, porque la siente y no la puede perder. Pero aquellos que no han adquirido esta convicción, no tienen más que una ética añadida, aprendida, sin fundamento interior, que no les pertenece y de la que fácilmente, según las conveniencias del momento, pueden prescindir. Lo trágico es que, durante siglos, la humanidad solo ha aprendido éticas de conveniencia, que cuando hay que ponerlas a prueba no resisten: son éticas no sentidas. El resultado es la grosería, la ignorancia, la falta de corazón... Y, no lo dudemos, esto es así porque todavía no es general la posesión de la base de toda ética: el sentimiento solidario hacia toda vida, el respeto total a la vida.

Pues bien, la experiencia de Dios de san Juan de la Cruz lo llevó a vivir esta reverencia por la Vida de un modo pletórico; y le hizo percibir la presencia divina en la vida que somos y nos rodea, de la que formamos parte y en la que nos integramos. Lo muestra sensacionalmente en el *Cántico espiritual* a través de la manifestación del Amado en la naturaleza: en las montañas, los valles, los ríos, los aires, la noche, la aurora, las raposas, las rosas, la piña, la campiña... y el Amado que pace entre las flores.

Mi Amado, las montañas,
los valles solitarios nemorosos,
las ínsulas extrañas,
los ríos sonorosos,
el silbo de los aires amorosos,

la noche sosegada
en par de los levantes de la aurora,
la música callada,
la soledad sonora,
la cena que recrea y enamora.

Cogednos las raposas,
que está ya florecida nuestra viña,
en tanto que de rosas
hacemos una piña,
y no aparezca nadie en la campiña.

Detente, cierzo muerto;
ven, astro, que recuerdas los amores,
aspira por mi huerto,
y corran tus olores,
y pacerá el Amado entre las flores.

Más adelante, la veneración por la Vida la extiende a aves, leones, cuervos, gamos, montes, riberas, aguas, de nuevo los aires…

A las aves ligeras,
leones, ciervos, gamos saltadores,
montes, valles, riberas,
aguas, aires, ardores,
y miedos de las noches veladores:

Por las amenas liras
y canto de sirenas os conjuro
que cesen vuestras iras
y no toquéis al muro,
porque la esposa duerma más seguro.

Entrado se ha la esposa
en el ameno huerto deseado,
y a su sabor reposa,
el cuello reclinado
sobre los dulces brazos del Amado.

Y culmina con un sublime canto en el que asocia la reverencia por la Vida con el gozo que tal veneración regala, como bendición, a quien la vive:

Gocémonos, amado,
y vámonos a ver en tu hermosura

al monte o al collado
do mana el agua pura;
entremos más adentro en la espesura.

Y luego a las subidas
cavernas de la piedra nos iremos,
que están bien escondidas,
y allí nos entraremos,
y el mosto de granadas gustaremos.

Allí me mostrarías
aquello que mi alma pretendía,
y luego me darías
allí tú, vida mía,
aquello que me diste el otro día:

el aspirar del aire,
el canto de la dulce filomena,
el soto y su donaire,
en la noche serena
con llama que consume y no da pena.

¿Se puede expresar de manera más inequívoca, elegante, entusiasta y exquisita la admiración hacia la inmensidad sin fin de la vida, el respeto a todo lo que vive y el sentimiento solidario hacia todas las modalidades de existencia?

La reverencia por la Vida no es, desde luego, algo intelectual, sino que tiene consecuencias directas en quien la experimenta. Verbigracia, enciende su corazón, de tal manera que surge una amorosa y lúcida lumbre que disuelve cualquier percepción, inclinación o acción cimentada en el antropocentrismo y el especismo. (El antropocentrismo atribuye al ser humano cualidades que son comunes a otras formas de vida y lo considera el centro del universo; el especismo es la postura de discriminar a los animales y la creencia de que pueden ser utilizados al servicio del ser humano a partir de juzgar que las especies animales son inferiores a la humana).

Es oportuno indicar explícitamente que la sensibilidad asociada a la reverencia por la Vida motiva a llevar un tipo de alimentación consciente, asentada en el no daño a otros seres sintientes. Juan de la Cruz vivió este aspecto de manera modélica; así lo plasmó en su obra y se sabe que era prácticamente vegetariano, a pesar de las muchas dificultades para ello en su época.

6.4. La amistad con Teresa de Jesús: la afinidad álmica

Como se señaló en los apuntes biográficos de la vida de Juan de Yepes, su encuentro con Teresa Sánchez de Cepeda Dávila y Ahumada aconteció en 1567. Él contaba con 25 años; ella era 27 años mayor, por lo que le doblaba la edad. Mantuvieron desde entonces una estrecha amistad que en el plano físico duró hasta la muerte de Teresa en 1582, con 67 años. Nueve años después falleció Juan, con solo 49.

Ahora bien, el vínculo entre Teresa y Juan no se corresponde con el concepto de amistad que está en boga hoy en día, sino con la forma en que han entendido la amistad, históricamente, escuelas espirituales y filosóficas como la Academia Pitagórica. Actualmente, la forma en que se suele entender la amistad se corresponde con la primera acepción de este vocablo según el *Diccionario de la lengua española*: «Afecto personal, puro y desinteresado, compartido con otra persona, que nace y se fortalece con el trato»; a menudo hay unas aficiones y unos gustos comunes, y las personas unidas por la amistad pueden tener la inclinación de compartir parte de su tiempo libre y sus actividades de ocio. Sin embargo, para las escuelas mencionadas, la amistad tiene que ver con la cuarta de las acepciones que el *Diccionario* recoge: «Afinidad, conexión entre cosas», aunque es necesario efectuar una pequeña modificación para subrayar el papel del alma al respecto: «Afinidad y conexión entre almas».

Es el papel del alma lo que hace que la Sabiduría Perenne se centre en la Amistad, con mayúscula, y la defina como *afinidad álmica* entre personas. La Amistad tiene cinco características principales:

- La existencia de una íntima similitud o semejan- za consciencial, con la consiguiente resonancia vibratoria. Esto, además, diferencia la afinidad álmica de los pactos de amor entre almas, de los que también se ocupa la Sabiduría Primordial, puesto que tales pactos pueden darse entre almas con grados conscienciales y vibratorios diferentes y, por tanto, entre las que no existe afinidad.

- La predisposición espontánea entre las personas que la experimentan a apoyarse en el *labor-into* de cada una, es decir, a acompañarse y enriquecerse mutuamente en sus procesos conscienciales.

- La propensión a colaborar y cooperar en creaciones, iniciativas y proyectos que coadyuvan a plasmar sus aspiraciones álmicas y a sacar lo mejor de cada uno y ponerlo al servicio de los demás.

- La posible llegada a la vida de cada cual de personas con las que se tiene afinidad álmica se produce de manera natural y, por ende, no hay que buscarla ni ansiarla. Puede acontecer una o varias veces y con personas distintas a lo largo de la vida física, pero siempre cuando corresponde exactamente y en el momento preciso en el marco del Sendero espiritual que están recorriendo las almas encarnadas que experimentan la afinidad.

- La afinidad álmica no conlleva emociones de enamoramiento ni relaciones de perfil sexual, aunque a veces estos aspectos pueden surgir entre personas que viven esta afinidad desde el Amor (que es mucho más que el enamoramiento) y la conexión sexual (que va más allá del deseo erótico y el simple fluir de la libido).

Si contrastamos este quinteto de características con la información disponible, que es bastante, relativa a la vida y la obra de Teresa y Juan, y si tenemos en cuenta que tenían en gran parte los mismos objetivos, ocupaciones, tareas y quehaceres, podremos inferir que estaban unidos por la Amistad; por tanto, existió la afinidad álmica entre ambos, lo cual fue enormemente fructífero para los dos desde muchos puntos de vista:

- Por ejemplo, en lo relativo a Juan y como ya se reseñó en el capítulo segundo, su encuentro con Teresa le sirvió para despejar las fuertes dudas vocacionales que tenía cuando se conocieron: ¿era lo mejor para él abandonar la orden carmelita y hacerse cartujo?... En esos momentos, Juan estaba considerando la posibilidad de llevar una vida contemplativa e interior en la que no existiría la opción de realizar actividades en el exterior. Teresa, que compaginaba a la perfección lo interior y lo exterior, le enseñó cómo vivir el equilibrio entre ambos aspectos y componentes de la vía espiritual.

- En cuanto a Teresa, valga como botón de muestra que la influencia de Juan le ayudó a superar el *engolamiento espiritual*. ¿Qué es esto? Pues la disfunción que aparece cuando los estados alterados de consciencia, en general, y las visiones, canalizaciones, arrobamientos y otras experiencias extáticas, en particular, se convierten en un factor de retardo de la evolución espiritual, en lugar de impulsarla. Ello ocurre a causa del aferramiento a estas experiencias, el cual se produce con demasiada frecuencia en el ámbito espiritual. Juan, que gozaba igualmente de esas vivencias extáticas, le mostró a Teresa cómo vivirlas en armonía para no quedar embarrancado en su disfrute y usarlas como espoleta consciencial. Teresa integró impecablemente esta «enseñanza», como muestra cierto pasaje de su *Libro de las fundaciones* (el cual sacaré a colación en el capítulo octavo, a propósito de la «suma perfección»).

- Y, por supuesto, la Amistad que hubo entre los dos no fue solo beneficiosa para Teresa y Juan, sino que tuvo un efecto más allá de sus personas. En cuanto a ellos, potenció exponencialmente su creatividad y avance espiritual. Más allá de ellos, repercutió de manera sobresaliente tanto en la labor concreta que desplegaron hacia el mundo como en el fomento del consciente colectivo de la humanidad. Su Amistad contribuyó a plasmaciones tan ricas como la fundación del Carmelo Descalzo, con toda la sustancia espiritual inmanente a esta iniciativa: el abandono de la visión de un Dios «exterior» en favor de la vivencia de la divinidad, y una práctica de vida espiritual con base en la acción consciente.

La afinidad álmica entre Teresa de Jesús y Juan de la Cruz es de utilidad, igualmente, para discernir como la misma, con todo lo que implica, ha de ser la prioridad en nuestras vidas, si queremos avanzar en el proceso consciencial, en lugar de serlo las relaciones de tipo familiar, a las que la gente suele dar tanto protagonismo.

Con esta reflexión no se pretende cuestionar la significación que en la vida de las personas tienen la familia y las relaciones familiares, muy importantes sin duda. Y no se puede olvidar que las almas, cuando van a volver a encarnar, eligen a los que serán sus progenitores. Ahora bien, en las relaciones familiares lo que priman son los lazos generados desde la apariencia del ser humano, esto es, desde el componente físico del pequeño yo: lo genético, lo sanguíneo, el parentesco... Y ojo con esto, porque muy menudo, casi sin darnos cuenta, tales lazos nos enredan en vínculos que tienen estas características:

- Son estrictamente tribales, aunque se subliman emocionalmente para reinterpretarlos de otra manera.

- Dicho tribalismo origina la tendencia a sentirse muy ligado a un grupo de gente, al que se dice «pertenecer», y a situar a un nivel inferior al resto de los congéneres, entre los que están encarnadas las almas afines ajenas al propio entorno familiar.
- Nos introducen en una maraña de convenciones, celebraciones y eventos sociales que promueven la distracción estéril y el entretenimiento lelo a los que ya se ha hecho mención.

Las relaciones familiares tienen su sitio en nuestra vida y sería absurdo poner en cuestión su gran relevancia. Pero desde un punto de vista espiritual y consciente, no pueden ser la prioridad, pues esta debe otorgarse a lo que nos ayuda a vivir más en coherencia con lo que somos y a avanzar en el Sendero espiritual y, en última instancia, en la experiencia de Dios. Uno de los elementos que se inscriben en esta categoría es la Amistad, o afinidad álmica, con ciertas personas ajenas al ámbito familiar.

Determinados aspectos, fundamentales, de las enseñanzas de Cristo Jesús son difíciles de encajar en un modelo familiar basado en los vínculos legales y de sangre. Para él, efectivamente, las relaciones familiares (con padres, hermanos, etc.) no son lo decisivo. De hecho, en los evangelios hay muestras de que su vida familiar no fue idílica: sus padres «no comprendieron lo que les decía», se hace constar en el Evangelio de Lucas, 2: 50. En ocasiones, incluso, sus familiares se comportaron despectivamente con él: «Volvió a casa y de nuevo se reunió tanta gente que no podían ni comer. Sus parientes, al enterarse, fueron para llevarse a Jesús, pues decían que estaba trastornado» (Evangelio de Marcos, 3: 20-23). Pero no fueron estas circunstancias las que le motivaron a considerar que las relaciones familiares debían estar, a lo sumo, en segundo plano. Lo que le llevó a ello fue su rotunda priorización del tipo de conexión basada en la afinidad álmica. Así lo reflejan un mínimo de cuatro y repetitivos fragmentos pertenecientes a los evangelios sinópticos:

- «"¿Quién es mi madre y quiénes son mis hermanos?". Señalando a sus discípulos, Jesús dijo: "Estos son mi madre y mis hermanos. El que cumple la voluntad de mi Padre del cielo, ese es mi hermano, mi hermana y mi madre"» (Evangelio de Mateo, 12: 48-50).

- «La gente estaba sentada a su alrededor y le decían: "Tu madre y tus hermanos están fuera y te buscan". Jesús les respondió: "¿Quiénes son mi madre y mis hermanos?". Mirando a los que estaban sentados a su alrededor dijo: "Estos son mi madre y mis hermanos. El que cumple la voluntad de Dios, ese es mi hermano, mi hermana y mi madre"» (Evangelio de Marcos, 3: 32-35).

- «Le comunicaron: "Tu madre y tus hermanos están fuera y quieren verte". Jesús respondió: "Mi madre y mis hermanos son los que escuchan la palabra de Dios y la practican"» (Evangelio de Lucas, 8: 20-21).
- «Una mujer entre la multitud alzó la voz: "Dichoso el seno que te llevó y los pechos que te amamantaron". Pero Jesús dijo: "Mas bien, dichosos los que escuchan la palabra de Dios y la practican"» (Evangelio de Lucas, 11: 27-28).

Juan y Teresa son espléndidos exponentes de seres humanos que, en vez de dar prioridad a los lazos familiares, se decantaron rotundamente por los que derivan de la afinidad álmica. La vivieron entre sí y también con otras personas a lo largo de su vida. Y les sirvió para expandir sus respectivos estados de consciencia y, a partir de ahí, el consciente colectivo humano.

Conviene reiterar que esto no implica que la familia carezca de significación. Juan de la Cruz mantuvo siempre una buena relación con su madre y su hermano Francisco, aunque en sus escritos nunca hizo mención a ellos. Teresa de Jesús sí nos relata acerca de su entorno familiar en *El libro de la vida*; y lo hace con cariño, si bien guardó silencio en torno al hecho de que su abuelo paterno fuera judío converso. Alonso, su padre, volvió a casarse tras enviudar y Teresa tuvo doce hermanos (nueve varones y tres hembras), siendo Lorenzo el único con el que mantuvo una conexión de cierta profundidad.

Sin embargo, la verdadera familia de ambos, como Cristo Jesús enseñó y practicó, fue la espiritual. Esto se evidencia, entre otras muchas cosas, en la circunstancia, nada baladí para la época, de que en los conventos que fueron fundando no se diera importancia a los apellidos de los miembros de la comunidad, ni a su ascendencia cristiana, judía o árabe, lo cual facilitó que se lograse una sincera fraternidad.

....

7

....

Cristo: la piedra filosofal… «¡si le dais posada!»

7.1. El Verbo divino encarnado: no un maestro más, sino un hito único en la evolución de la humanidad y la Madre Tierra

Corresponde detenerse ahora en la reflexión acerca del papel de Cristo y lo crístico entre los factores determinantes de la espiritualidad de Juan de la Cruz. Es un aspecto tan relevante que se le va a dedicar todo este capítulo.

Se ha dejado para lo último no porque sea lo menos importante («although the last, not least», como dijo el rey Lear a Cordelia, su hija pequeña, en la famosa tragedia que William Shakespeare estrenó cuando se cumplían exactamente trece años del fallecimiento físico del santo abulense), sino más bien al contrario, esto es, por ser la clave primordial de esa espiritualidad.

Por supuesto, en Juan de Yepes influyeron mucho la vida y las enseñanzas de Jesús de Nazaret, pero lo más relevante fue el agudo discernimiento que se desarrolló en Juan acerca del Verbo divino, que se había hecho carne en Jesús.

Al encarnar en Jesús, el Verbo divino lo hizo, igualmente, en toda la humanidad y en la Madre Tierra, como ser vivo que a esta alberga. De esta manera, la consciencia planetaria y el consciente colectivo humano quedaron definitivamente impregnados de lo crístico.

Es por esto que Cristo Jesús no fue un maestro más, aunque se le pueda valorar como un maestro excelente, sino que fue la viva encarnación de lo crístico: en él no encarnó un alma individualizada usada por el Espíritu como vehículo en su inmersión en la materia, sino el Espíritu mismo, el Verbo divino de modo directo.

Esta encarnación representa un hito sin par en la evolución de la humanidad y el planeta, pues ha sido la única ocasión en que lo crístico se ha manifestado en la Tierra como ser vivo. A lo crístico se le puede aplicar lo que en la tradición oriental se conoce como *nirguna* (ausencia de atributos y distinciones tangibles), y al manifestarse en nuestro planeta como ser vivo lo hizo como *saguna* (con todos los atributos y cualidades ya tangibles).

Las consecuencias de un evento tan extraordinario y excepcional fueron fenomenales:

- Impulsó en un grado sensacional el proceso evolutivo de la Madre Tierra y la consciencia planetaria.
- Impregnó con una altísima frecuencia vibratoria el cuerpo etérico o energético de la Madre Tierra.
- Abrió en el seno del Yo Superior presente en los seres humanos la última puerta que posibilita que las almas individualizadas en ellos encarnadas puedan completar, siempre con respeto al libre albedrío, su desarrollo en autoconsciencia.
- Como consecuencia del punto anterior, pasó a hacer factible la «transformación en Dios» de aquellas personas que se hagan suyo lo crístico desde el compromiso con su verdadero ser y que lleven un estilo de vida que plasme lo crístico de instante en instante.

7.2. «¡Si le dais posada!»: hacer nuestro lo crístico

Juan de la Cruz utiliza la metáfora de «dar posada» para referirse, con la ternura que le caracteriza, a hacer propio lo crístico. Incluye esta metáfora en el verso final de su *Letrilla navideña*, una composición en la que se expresa con sencillez y jovialidad:

Del Verbo divino
la Virgen preñada
viene de camino:
¡si le dais posada!

Este es el gran compromiso de Juan de Yepes consigo mismo y esta es la experiencia a la que convoca a sus congéneres: dar posada a lo crístico. Con este fin, su búsqueda y su camino siguen los pasos descritos por Pablo de Tarso en la Carta a los Gálatas (2, 20): «Vivo yo, pero no soy yo, es Cristo quien vive en mí».

El santo abulense hace de este ideal paulino el eje central de su vida de un modo tal que lo trasciende a él mismo y dinamiza su discernimiento hacia la colosal comprensión de lo que llegar a ser Cristo representa.

7.3. *Cristianización*, no imitación

Al hilo de lo anterior, es importante constatar que Juan no contempla ni experimenta el Cristo que vive en el propio interior como identificación, imitación o seguimiento, sino como una auténtica y absoluta *cristianización* de la persona. Por tanto, para él, las palabras de Pablo no tienen que ver con imitar a Cristo. El asunto de la imitación de Cristo no es baladí; en las primeras décadas del siglo xv se había publicado la reconocida obra *Imitación de Cristo* de Tomás de Kempis, título que pudo dar lugar a malentendidos. Pero Juan de la Cruz no cayó en la «trampa» y supo muy bien a qué se estaba refiriendo Pablo de Tarso: a la transfiguración, o nacer de nuevo, que otorga una nueva visión de la Creación y la Existencia y que implica plasmar lo crístico a cada momento de nuestro periplo vital y obrar crísticamente en cada circunstancia de nuestra vida.

Para que se entienda mejor el concepto de cristianización (que, en este contexto, va mucho más allá de las definiciones que proporciona el *Diccionario de la lengua española* para este vocablo), podemos pensar en la cristalización como símil. La cristalización es un proceso físico al que se acude con frecuencia en el ámbito de la química dirigido a purificar una sustancia sólida. Pues bien, analógicamente, la cristianización es un proceso espiritual que sutiliza al ser humano y le permite percibir y experimentar la vida (la suya y la de todos y todo) desde la toma de consciencia y la práctica activa de su naturaleza divina. Inmerso en este estado del ser, Juan de la Cruz declaró que «ya solo en amar es mi ejercicio».

De hecho, esta vocación hacia la cristianización y la posibilidad real de acometerla es, como expone san Alberto Hurtado, la razón de ser de la Creación, en perfecta armonía con el Principio y Fundamento, propuesto por san Ignacio de Loyola en sus *Ejercicios espirituales*, el cual sostiene el carácter «funcional» de toda la Creación. La posibilidad de la cristianización es consustancial al ser humano y constituye su genuina seña de identidad; de ahí que Rudolf Steiner, en la conferencia mencionada en el primer capítulo, no solo señalase que la no percepción de Dios es una enfermedad, sino, también, que la no vivencia de Cristo es una desgracia.

Esta es la buena nueva que la experiencia de Dios, tan vivida por san Juan de la Cruz, anuncia y hace factible: todos los hombres y mujeres estamos convocados a ser Cristo. De ahí que Jesús de Nazaret se denomine a sí mismo el «Hijo del hombre», pues ser Cristo, como él lo fue en esta vida física, es la vocación natural de toda persona y el fruto natural que puede producir la existencia de todo ser humano. Ahora bien, para que este potencial pueda concretarse, es necesario empezar por dar posada al Verbo divino. Pero la gran mayoría de la gente, deshumanizada y desnaturalizada a causa de la enfermedad mencionada, no solo no está por la labor, sino que, además, cuando escucha o lee sobre la posibilidad de expresar al Cristo, le parece que se encuentra ante un mensaje fantasioso o que se pretende engañarla.

7.4. Cristo cual piedra filosofal

Dar semejante fruto representa una verdadera metamorfosis (la *metanoia* griega), cuya envergadura es comparable a la transformación del gusano en mariposa. Pero cuando los evangelios se tradujeron al latín, se empleó el vocablo que significa 'conversión' en esa lengua, lo cual solo pudo dar lugar a equívocos; y esta es la noción que ha llegado a nuestros días. La metamorfosis consiste en algo mucho más profundo, que aparece bien simbolizado por el proceso alquímico.

De hecho, la alquimia que ha ocupado a tantos sabios y escuelas filosóficas y esotéricas a lo largo de la historia escapa de los barrotes del materialismo, es decir, de la famosa transmutación de un metal básico o innoble (el plomo, principalmente) en otro de carácter noble (el oro, fundamentalmente), utilizando para ello una sustancia legendaria conocida como *piedra filosofal*. En realidad, el verdadero enfoque de la alquimia es la dinámica asociada a la evolución espiritual del ser humano que, paulatinamente, se va percatando de su Esencia imperecedera. A partir de este reconocimiento va dejando de vivir desde su apariencia o pequeño yo y va viviendo cada vez más en coherencia con esa Esencia (con su naturaleza legítima, con su auténtico ser).

En este contexto, lo crístico es la piedra filosofal que produce la citada metamorfosis y muta lo impuro en puro, propiciando así que el hijo pródigo de la parábola regrese al Padre (o al Hogar). Es por esto que Jesús afirma: «Yo soy el camino» (Evangelio de Juan, 14: 6). En relación con ello, hay que tener en cuenta algo más, que solo mencionaré sucintamente: esta *vía* (el camino en sí que es Cristo Jesús) se completa con el *vium* (el recorrido del camino o ejecución del viaje). El *vium* está representado figuradamente por Cristo María (Estela) y nos aproxima a la función de la «Virgen» María en el marco del Sendero espiritual.

Juan de la Cruz se refiere precisamente a este papel de Cristo como piedra («Y juntarás sus pequeños, y a mí, porque en ti lloraba, a la piedra que era Cristo») en el poema titulado *Otro del mismo que va por «Super flumina Babylonis»*, composición que es una paráfrasis del Salmo 136, donde se hace referencia al cautiverio en Babilonia decretado por Nabucodonosor:

> Estábame en mí muriendo
> y en ti sólo respiraba.
> En mí por ti me moría
> y por ti resucitaba,
> que la memoria de ti
> daba vida y la quitaba [...]
> Desid: ¿cómo en tierra ajena,
> donde por Sion lloraba,
> cantaré yo la alegría
> que en Sion se me quedaba? [...]
> Y juntarás sus pequeños,
> y a mí, porque en ti lloraba,
> a la piedra que era Cristo,
> por el cual yo te dejaba.

7.5. El reconocimiento de Cristo en el otro

Hay que añadir que el santo abulense fue, igualmente, un ejemplo vivo de que cuando un ser humano, en su evolución natural, se cristianiza, tal transfiguración implica el reconocimiento de Cristo en el otro: en todas las personas, incluidas las que lo rechazan; en todos los seres sintientes, sin excepción de ningún tipo; en la Vida, en todas sus modalidades y manifestaciones.

La consecuencia de ello es la ya comentada reverencia por la Vida. Y, desde luego, la compasión hacia el sufrimiento, especialmente el de los más pequeños, es decir, el de los más inocentes, desde un niño hasta un animal; y el de los más vulnerables y desvalidos, no solo desde una perspectiva material, sino igualmente y sobre todo en términos de consciencia: «Les aseguro que cada vez que lo hicieron con el más pequeño de mis hermanos, lo hicieron conmigo» (Evangelio de Mateo, 25: 40).

Ningún dolor nos es ajeno al vivir la cristianización. Y se vive, como Juan de la Cruz experimentó, en la identificación con el que sufre, sea cual sea su condición y sea cual sea el reino, la dimensión o el plano de vida en el que discurre su existencia. Porque ese dolor que padece es mi propio dolor; porque la desesperación que lo abate la siento yo; porque las mentiras egocéntricas y materialistas que lo embriagan me estremecen; porque el dominio y la manipulación a los que se le somete desde lo conciencialmente situado en las antípodas de lo crístico me conmueven; porque la violencia que le aflige expande en mí la acción consciente por la paz; porque la injusticia que soporta multiplica mi compromiso con la Justicia...

7.6. «Estar con Cristo» o «estar con Dios»: una falaz disyuntiva

Cuando la vivencia de la cristianización resplandece en todo nuestro ser, tal como sucedió en el caso de Juan de Yepes, rompe la dualidad, sostenida en diversos ámbitos místicos, entre «estar con Cristo» y «estar con Dios». A este respecto, por todo lo enunciado en estas páginas, Juan plasma un rotundo *no-dos* desde una experiencia tan viva y penetrante que, indeclinable e inexorablemente, hace que «estar con Cristo» sea exactamente lo mismo que «estar con Dios».

Para entenderlo adecuadamente, podemos empezar acudiendo al ya citado Albert Schweitzer y a su obra *The Mysticism of Paul the Apostle* [El misticismo del apóstol Pablo], en cuyo primer capítulo distingue entre dos categorías de misticismo: el primitivo y el desarrollado. El primero se encuentra incluso en religiones arcaicas y toscas y se caracteriza porque «aún no se ha elevado a una concepción de lo universal» y «todavía se limita a visiones ingenuas de lo terrenal y supra-terrenal, temporal y eterno»; además, se percibe que la unión con la divinidad es «provocada por ceremonias». En cuanto al misticismo desarrollado, aparece cuando «se alcanza la concepción de lo universal y el ser humano reflexiona sobre su relación con la totalidad del ser y con el Ser en sí mismo»; es un tipo de misticismo más intelectual que se puede encontrar «entre los brahmanes y en el Buda, en el platonismo, en el estoicismo, en Spinoza, Schopenhauer y Hegel».

En este escenario, Schweitzer sitúa el misticismo de Pablo de Tarso entre los dos extremos de las categorías reseñadas, y resalta el hecho de que sus escritos tienen una indudable dimensión intelectual y que nunca habla de ser uno con Dios o estar con Dios, sino de una conexión «mediada y efectuada por medio de la unión mística con Cristo». Así, el misticismo paulino se resumiría en «estar en Cristo» en lugar de «estar con Dios». Esto, por otra parte, estaría íntimamente ligado a la percepción de que el Reino de Dios aún no ha llegado y de que estamos viviendo en el tiempo de Cristo: el misticismo de Cristo mantiene el campo hasta que el misticismo de Dios se vuelva posible de la mano de la nueva Tierra y la nueva humanidad que vendrá tras el final de la vigente generación humana.

Por tanto, Albert Schweitzer sostiene que Pablo, en vez de contemplar la posibilidad de tener la experiencia de «estar en Dios», usa la expresión «estar en Cristo» para ilustrar cómo Jesús es un mediador entre la comunidad cristiana y Dios. Además, explica que la experiencia de «estar en Cristo» no es una «participación estática en el ser espiritual de Cristo», sino «la verdadera co-experiencia de Su morir y resucitar», lo cual tiene mucho que ver con el nacer de nuevo. A ello le suma la circunstancia de que no se vive de experiencias adquiridas en la iniciación y sí se disfruta de lo que evolutivamente aporta una experiencia comunitaria compartida.

Encuadrada así la mística paulina, Juan de la Cruz, lejos de negarla, la hace suya, pero, a la vez, va más allá de ella. Veamos, primero, algunos hechos que muestran que la hace suya:

- Su práctica del «vivo yo, pero no soy yo, es Cristo quien vive en mí».
- El hecho de que su vivencia de Cristo no tiene lugar desde un posicionamiento estático, sino como coexperiencia.
- Su discernimiento acerca del papel de Cristo como soporte y mediador (la Piedra).
- La función que en su vida tiene lo comunitario en el proceso espiritual.

Y Juan de Yepes va más allá de la mística paulina por esta razón: porque su experiencia de Dios le permite percibir, contemplar y sentir la posibilidad cierta de la transformación en Dios como el mayor grado de perfección a que en esta vida se puede llegar. Con este enfoque funde radicalmente el «estar en Cristo» y el «estar con Dios».

Tal fusión ya fue remarcada por el propio Jesús, por supuesto: «Nadie puede venir a mí si no lo atrae el Padre que me envió» (Evangelio de Juan, 6: 44). Y en palabras de Juan de la Cruz, esta fusión constituye el vínculo indisociable entre dar posada al Verbo divino y la transformación de la amada en el Amado. Porque solo dando posada al Verbo divino encarnado («estando en Cristo») la amada se transfigura en el Amado (se llega a «estar con Dios»). O lo que es lo mismo: la unidad realizada en Cristo al dar posada al Verbo es el imprescindible factor de impulso que, gracias a la comunión de propiedades (la clásica doctrina cristológica de la *communicatio idiomatum*), desemboca en la transformación de la amada en el Amado y, a través de esta, en la unidad inmensamente mayor de «estar con Dios». Pero esto es un imposible si no le damos posada al Verbo divino. Por todo ello, la teórica disyuntiva entre «estar con Cristo» o «estar con Dios» es una falacia: una ficción mental o una mera ensoñación.

La unión mística que deriva de «estar con Cristo» conduce a la unión hipostática, que es la que se da entre la naturaleza humana y la divina en la persona del Verbo. Y la unión hipostática es fundamento de una más amplia: la unión de los hombres con Dios.

Se trata de que los hombres también lleguemos a ser hijos de Dios: el ser humano, por medio del *labor-into* (o, lo que es lo mismo, al recorrer el Sendero espiritual), experimenta la transformación que le lleva a ser lo que Cristo Jesús, como encarnación humana del Verbo divino, es por naturaleza. En este sentido, Jesús es el primogénito de una multitud de hermanos convocados a plasmar la divinidad en este plano humano y material. Y sirve de modelo, como Hijo del hombre, al mostrar el fruto de la evolución que todos los hombres y mujeres estamos llamados a manifestar. E, igualmente, es la cabeza visible de un Cuerpo místico al que todos, en libre albedrío, podemos pertenecer, pues ser humano es el único requisito para ser miembro de ese Cuerpo y para ser Cristo mismo.

7.7. Desalojo y acción

Todo lo expuesto pone manifiesto la envergadura y trascendencia del ideal paulino y permite entender todo lo que implica y conlleva. Para terminar el presente capítulo, conviene subrayar que las palabras de Pablo colocan al ser humano ante una tarea de cristianización que gira en torno a dos pilares estrechamente ligados entre sí, a los que ya nos hemos referido en lo que afecta a san Juan de la Cruz: la necesidad de desalojo o vaciamiento que representa el «ya no vivo yo»; y el requerimiento de una acción y una colaboración activa a partir de que «es Cristo quien vive en mí».

En Juan cuajaron y se personificaron estos dos pilares de manera armónica, lo cual evidenció que no hay contradicción entre ellos. Y no fue así por casualidad, sino por el compromiso y la intensidad con que Juan de la Cruz avanzó por el Sendero espiritual. A lo mismo estamos convocados todos los seres humanos. Todos tenemos derecho a ello, aunque dependerá de cada uno la medida y el grado en que lo hagamos. Esta medida y este grado son indicativos del estado de consciencia de cada cual en el contexto de una evolución que es tanto natural como sobrenatural y en la que el Amor es lo que realmente marca las diferencias.

....

8

....

Suma de la perfección y «Mil gracias derramando»

7.1. *Suma de la perfección...*

Cerramos estas páginas dedicadas a la Sabiduría de Dios Escondida en la obra mística de san Juan de la Cruz con una reflexión final que descansa sobre dos joyas primorosas que nos dio como legado: la letrilla titulada *Suma de la perfección* y el «Mil gracias derramando», que, como respuesta de las criaturas, se incluye dentro del *Cántico espiritual*.

En cuanto a la primera, hay que subrayar que la noción de *suma perfección* se encuentra también, no por casualidad, en la obra de Teresa de Jesús, que nos indica que no se halla «en regalos interiores, ni en grandes arrobamientos, ni visiones, ni en espíritu de profecía;

sino en estar nuestra voluntad tan conforme con la de Dios que ninguna cosa entendamos que quiere, que no la queramos con toda nuestra voluntad, y tan alegremente tomemos lo sabroso como lo amargo, entendiendo que lo quiere Su Majestad» (*Fundaciones*, cap. 8, n. 10). Y complementa estas palabras con esta advertencia: «No está la perfección en los gustos, sino en quien ama más [...] y en quien mejor obrare con justicia y verdad» (*Moradas III*, cap. 2, n. 10). Teresa de Jesús no solo desvincula la verdadera santidad de las manifestaciones extraordinarias («seráficas», como señala Javier Sesé en su artículo *Santidad seráfica y suma perfección: un criterio teresiano para la reflexión teológica*), sino también de manifestaciones «sensibles» que igualmente han confundido siempre a muchas almas y a muchos «expertos».

Huelga decir que Juan de la Cruz, dado que influyó en Teresa para que no quedara atrapada en las experiencias extáticas, como vimos en el marco de la afinidad álmica entre ambos, percibe esta cuestión de la misma manera que ella, si bien añade un componente: la necesidad ineludible de introspección. Así lo refleja en *Suma de la perfección*. Porque, como se ha insistido, la mirada hacia dentro de uno mismo (por medio de la meditación, el silencio, la oración...) no está en forma alguna reñida con la actividad (ejecutada siempre con criterios de justicia y verdad, como remarcó Teresa). La vida de Juan lo refleja contundentemente. Es obvio que, para que ambos aspectos vayan a una, la actividad ha de tener su razón de ser y su firme soporte en el centro más profundo de la persona, es decir, en el centro del alma. Solo así podrá considerarse que la actividad es acción consciente; solo así el «movimiento» del ser humano por la vida será el resplandor de la Quietud que atesora en su Esencia.

Suma de la perfección de Juan de la Cruz supone, entre otras cosas, un recordatorio permanente de que mantengamos el anclaje con nuestra intimidad más sagrada. Así lo plasmó finalmente:

> Olvido de lo Creado,
> memoria del Creador,
> atención a lo interior
> y estarse amando al Amado.

¿Es posible transmitir más con dieciséis palabras? Y cada verso enlaza con otras aportaciones de Juan:

- El «olvido de lo Creado» está en conexión con el desalojo y el vaciamiento tan presentes en la espiritualidad de Juan. Lo explica en *Sin arrimo y con arrimo*:

> Mi alma está desasida
> de toda cosa criada
> y sobre sí levantada…

- La «memoria del Creador» y la «atención a lo interior» enlazan con estos versos de *Otro del mismo que va por «Super flumina Babylonis»*:

> Estábame en mí muriendo
> y en ti sólo respiraba.
> En mí por ti me moría,
> y por ti resucitaba,
> que la memoria de ti
> daba vida y la quitaba.

Y en *Sin arrimo y con arrimo*, tras los versos que se acaban de reproducir en el punto anterior, continúa diciendo:

> ... y en una sabrosa vida
> solo en su Dios arrimada.

- Y, por fin, «estarse amando al Amado»: un estado tal, como se enunció páginas atrás, en que ya no hay un amante del Amado, porque se ha experimentado una transformación y se ha producido la unión en Él. ¿Cómo es posible? Pues debido a que el Amor fusiona al amante con el Amado, al diluir cualquier separación. Y porque Ama quien se ha liberado de todo: no solo de anhelos, deseos, frustraciones, placeres, sufrimientos, quereres, quehaceres, saberes, deberes..., sino radicalmente y genuinamente de todo, lo cual incluye cualquier tipo de identificación, sea física, relativa a la identidad personal o tenga que ver con la mismísima idea de ser. Solo quien es realmente libre puede Amar realmente. Y quien Ama ni siquiera ama, pues en Amor se ha transformado y el Amor ni entiende ni comprende ninguna percepción subjetiva, tampoco acerca del Amor mismo. Amar no es Amor; el Amor no es una experiencia. El Amor es intrínsecamente no ser, de modo que siendo Nada se es Todo (el Amado, la Nadeidad).

Suma de la perfección culmina con el vislumbre del Rostro de Dios, o como cada cual prefiera denominarlo, pues es ajeno a nominalismos. Ver el Rostro de Dios conlleva, inexorablemente, transformarse en Amor, de la misma manera que, en la mitología griega, quien mira a la medusa a los ojos se convierte en piedra. Y transformarse en Amor es lo mismo que transformarse en Dios, pues Dios es Amor. Y, a partir de ahí, ¿qué resta? Nos dice Juan (en *Noche oscura*):

> Quedeme y olvideme,
> el rostro recliné sobre el Amado;
> cesó todo, y dejeme,
> dejando mi cuidado
> entre las azucenas olvidado.

Y cuando me he quedado y olvidado, cuando ha cesado todo, cuando me he dejado, cuando he dejado «mi» cuidado olvidado, entonces ¿qué? Seguiré vivo, claro está, pero ¿cómo viviré? Pues «mil gracias derramando».

7.2. «Mil gracias derramando»…

En pleno laberinto, haciendo el camino, con frecuencia buscamos otros mundos (otras realidades, otras vivencias…). Pero queremos que, de alguna manera, sean reflejos de este; es decir, queremos que esos otros mundos sean esencialmente como este en el que estamos, pero mejorado, perfeccionado. Detrás de tal pretensión sigue presente nuestro pequeño yo, que intenta incluso imaginar cómo será esa vida nueva (esa nueva humanidad y esa nueva Tierra) y se pregunta qué debe hacer para llegar ahí. Sin embargo, esto es intrínsecamente absurdo, un enorme disparate. Porque la vida renovada de cada uno, la Tierra restaurada y la nueva generación humana que sucederá a la actual tras su final (véase al respecto, por ejemplo, las enseñanzas de Jesús en el capítulo 24 del Evangelio de Mateo), devienen natural y armónicamente cuando el centro de mando no radica ya en el pequeño yo y se vive la transformación en Dios, la resurrección en vida, el nacer de nuevo en lo personal y lo colectivo (la parusía cristiana).

No es solo que el vino nuevo nada tiene que ver con el vino viejo; es que el vino nuevo necesita ineludiblemente odres nuevos. Queda claro en el Evangelio de Lucas (5: 33-38) (también en Marcos, 2: 21-22 y en Mateo, 9: 14-17):

> Nadie corta un trozo de un manto nuevo para coserlo en una prenda de vestir vieja. Si alguien lo hiciera, el parche de tela nueva produciría un desgarrón. Es más, el parche no haría juego con la prenda vieja. Por otro lado, nadie pone vino nuevo en odres viejos. Si alguien lo hiciera, el vino nuevo reventaría los odres y se derramaría, y los odres ya no servirían para nada. El vino nuevo debe ponerse en odres nuevos.

En palabras de Juan de la Cruz, «un subido licor no se pone sino en un vaso fuerte, preparado y purificado» (*Ll*, 2, 25).

El Reino de Dios, el Cielo en la Tierra, no es el mundo de nadie: de ninguna persona o personalidad, grupo o ideología, religión o visión; ni se ajusta a ninguna percepción que se pueda crear antes de la Transformación; ni puede ser contemplado bajo los parámetros de este plano o dimensión; ni, por supuesto, surgirá de la reforma o mejora del mundo actual. Esto es así porque tal Transformación es una ventana que se abre desde el interior y la llave es el vaciamiento de todo lo que no sea simplemente Amor, es decir, Dios.

Juan de la Cruz nos mostró, con su vida y su obra, cómo cultivar el amor. Porque en él cristalizo y se hizo carne el Himno al Amor que escribió Pablo de Tarso en la Primera Carta a los Corintios (13, 1-13). Juan tomó absoluta consciencia de que si no se tiene amor, nada sirve de nada: ni los dones, ni el conocimiento de los misterios, ni toda la ciencia, ni la fe, ni la compasión... Y vivió el Amor con mayúsculas: aquel en el que no hay envidias, ni alardes, ni envanecimiento, ni se procede con bajeza, ni se busca el propio interés, ni hay irritación, ni se celebra la injusticia... Es el Amor paciente y bondadoso, que se alegra con la verdad, que todo lo disculpa, que todo lo cree, que todo lo crea, que todo lo espera, que todo lo soporta, que todo lo puede y que nunca falla...

Juan compartió en *Sin arrimo y con arrimo*, a continuación de los versos antes citados, lo que tamaña experiencia de Amor entraña para el ser humano que la hace suya.

Hace tal obra el amor,

después que lo conocí,

que, si hay bien o mal en mí,

todo lo hace de un sabor

y al alma transforma en sí;

y así, en su llama sabrosa,

la cual en mí estoy sintiendo,

apriesa, sin quedar cosa,

todo me voy consumiendo.

¿Cómo se vive la cotidianidad, de instante en instante, a partir de ahí? O, mejor, ¿cómo vivo?... Pues crísticamente, en el sentido exponencial de la expresión. Juan, tomando el ejemplo de Cristo Jesús y yendo a la zaga de su huella, lo sintetizó magistralmente en su *Cántico espiritual* cuando escribió que las criaturas habían visto pasar al Amado «mil gracias derramando»:

> Mil gracias derramando
> pasó por estos sotos con presura;
> y, yéndolos mirando
> con sola su figura,
> vestidos los dejó de hermosura.

El Amado derramó mil gracias, y nosotros, que un día nos fundiremos con Él, podemos hacer lo mismo en cierto grado, a través de hacer, como Juan de la Cruz, que solo amar sea nuestro ejercicio. Haz tuya esta actitud; hagámosla nuestra. Es esto el Cielo en la Tierra, la experiencia de Dios cristalizada en el aquí-ahora de nuestra vida.

Vivir como Amor está a tu alcance, está a nuestro alcance... porque es lo propio de nuestra naturaleza divina.

Adquiramos el compromiso con nosotros mismos de no vivir de otra forma..., de vivir cada instante de nuestra existencia de la sublime manera que nos mostró san Juan de la Cruz.

Bibliografía

Aguirre Vila-Coro, Antonio. (2016). *Acercar el Cántico*. Madrid: Editorial San Pablo.

Anónimo. (2006). *De la perfección de la sabiduría: textos breves prajñaparamita*. Madrid: Biblioteca Nueva.

Anónimo. (2005). *La Nube del No Saber*. Barcelona: José J. de Olañeta Editor.

Aquino, santo Tomás de. (1983). *De los principios de la naturaleza*. Madrid: RBA Editores.

Asín Palacios, Miguel. (1933). «Un precursor hispanomusulmán de san Juan de la Cruz». *Al-Andalus* (revista de las Escuelas de Estudios Árabes de Madrid y Granada), *1* (1), 7-80.

Attwater, Donald. (1931). *Diccionario enciclopédico católico*. Londres: Editorial Macmillan.

Barreto, David. (2015). «Políticas de la lírica: Menéndez Pelayo y la creación moderna de san Juan de la Cruz». *Calíope* (revista de la Society for Renaissance and Baroque Hispanic), *20* (1), 75-97.

Carrillo Benito, Emilio. *Dios*. Editorial Nous (Madrid, 2013) y Editorial Sirio (Málaga, 2015).

Carrillo Benito, Emilio y León Gómez, Javier. (2021). *La gestión del misterio*. O Couso (Samos, Lugo): Editorial Nous.

Carrillo Benito, Emilio y Prims Terradas, Francesc. (2019). *Conócete a ti mismo*. Málaga: Editorial Sirio.

Carrillo Benito, Emilio y Rumi Jiménez, Lola. (2019). *El Yoga: lo que realmente es y cómo practicarlo*. Sevilla: Adaliz Ediciones.

Cruz, san Juan de la. (1982). *Obras completas*. Madrid: Biblioteca de Autores Cristianos.

Cruz, san Juan de la. (1991). *Obras completas*. Madrid: Alianza Editorial.

Cruz, san Juan de la. (1999). *Poesías completas*. Madrid: Edimat Libros.

García Galiano, Ángel. (1988). *Teoría de la imitación poética en el Renacimiento*. Madrid: Universidad Complutense.

García García, Buenaventura. (1969). *La contemplación en San Juan de la Cruz*. Sevilla: Gráfica Salesiana.

Guillén, Jorge. (1962). «San Juan de la Cruz o lo inefable místico». En *Lenguaje y poesía*. Madrid: Revista de Occidente.

Hipona, san Agustín de. (1967). *Confesiones*. Barcelona: Editorial Ramón Sopena.

Hipona, san Agustín de. (1953). *La Ciudad de Dios*. Barcelona: Editorial Alma Mater.

Hochheim, Eckhart de. (2014). *El fruto de la nada*. Madrid: Ediciones Siruela.

Huxley, Aldous. (1947). *La filosofía perenne*. Buenos Aires: Editorial Sudamericana.

Jesús, santa Teresa de. (2011). *Obras completas*. Burgos: Editorial de Espiritualidad.

Jiménez Lozano, José. (1992). *El mudejarillo*. Barcelona: Anthropos Editorial.

Kempis, Tomás de. (1957). *Imitación de Cristo*. Madrid: Aguilar Ediciones.

León, Luis de. (1972). *De los nombres de Cristo*. Zaragoza: Editorial Ebro.

León, Luis de. (1631). *Obras propias y traducciones*. Madrid: Imprenta del Reino.

López-Baralt, Luce. (1990). *San Juan de la Cruz y el islam. Estudio de la filiación semítica de la literatura mística*. Madrid: Ediciones Hiperión.

Mancho Duque, María Jesús. (1990). *La espiritualidad española del siglo XVI*. Salamanca: Ediciones Universidad de Salamanca.

Martín Santos, Luis Miguel. (1999). *Estudio preliminar de las poesías completas de san Juan de la Cruz*. Madrid: Edimat Libros.

Menéndez Pelayo, Marcelino. (1884). *Escritos de crítica literaria*. Madrid: Imprenta A. Pérez Dubrull.

Molinos, Miguel de. (1974). *Defensa de la Contemplación*. Barcelona: Barral Editores.

Molinos, Miguel de. (1935). *Guía espiritual*. Madrid: Imprenta de Galo Sáez.

Nietzsche, Friedrich. (1979). *Más allá del bien y del mal*. Madrid: EDAF Ediciones.

Pablo Maroto, Daniel. (2013). *Espiritualidad española del siglo XVI* (tres volúmenes). Burgos: Editorial de Espiritualidad.

Rodríguez Rodríguez, Raúl. (2003). *Y véante mis ojos*. Málaga: MLK Producciones.

Sainz Rodríguez, Pedro. (1927). *Introducción a la historia de la literatura mística en España*. Madrid: Editorial Voluntad.

Schweitzer, Albert. (2017). *Reverence for Life*. (Compilación de Harold. E. Robles). Washington: Maurice Bassett Editor.

Schweitzer, Albert. (1998). *The Mysticism of Paul the Apostle*. Baltimore: The Johns Hopkins University Press.

Sesé, Javier. (2015). «Santidad seráfica y suma perfección: un criterio teresiano para la reflexión teológica». *Scripta Theologica*, *47*, 441-456.

Shakespeare, William. (1990). *The complete Works of William Shakespeare*. Nueva York: Gramercy Books.

Steiner, Rudolf. *¿Cómo puedo encontrar al Cristo?* Biblioteca Upasika. (https://issuu.com/granlogiasinaloa/docs/rudolf-steiner---como-encuentro-yo-al-cristo).

Steuco, Agustino. (1972). *De perenni philosophia*. Nueva York: Johnson Reprint Corporation.

Valente, José Ángel. (1974). *Ensayo sobre Miguel de Molinos*. Barcelona: Barral Editores.

Valente, José Ángel. (1982). *La piedra y el centro*. Madrid: Editorial Taurus.

Wardropper, Bruce W. (1958). *Historia de la poesía lírica a lo divino en la cristiandad occidental*. Madrid: Revista de Occidente.

Sobre el autor

Doctor en Economía y escritor –con 70 libros y más de 700 artículos publicados–, **Emilio Carrillo Benito** ha ejercido como experto internacional en Desarrollo Local por las Naciones Unidas y funcionario del cuerpo de técnicos de la Administración General del Estado español. Ha desplegado una amplia labor política y de gestión en desarrollo económico y territorial y en la Hacienda Pública, y ha sido profesor en diversas universidades de España, Europa y América Latina. Ha sido vicealcalde de Sevilla, vicepresidente de la Diputación hispalense y presidente de la Red de la Unión Iberoamericana de Municipalistas y del Programa de Desarrollo Local de la Organización Internacional del Trabajo.

A partir del año 2000 fue centrando cada vez más su atención en la expansión de la consciencia –la propia y la colectiva–, labor a la que se dedica por completo en la actualidad. En relación con este ámbito ha escrito libros como *Dios* (2013), *Sin mente, sin lenguaje, sin tiempo*

(2014), *El tránsito* (2015), *Ojos nuevos* (2016), *Consciencia* (2017), *¿Qué hay después de la muerte?* (2018), *Conócete a ti mismo* (2019) y *La gestión del misterio* (2021) (algunos de ellos en coautoría, como autor principal).

Actualmente, además de proseguir con su actividad como autor, imparte anualmente multitud de conferencias, retiros y seminarios, así como clases de espiritualidad en másteres y cursos de experto universitario; dirige La Academia de la Consciencia y el proyecto de investigación Consciencia y Sociedad Distópica y gestiona el blog El Cielo en la Tierra, que cuenta con más de nueve millones de visitas: http://emiliocarrillobenito.blogspot.com.